本书列为《当代农业科技专著》出版基金
本书由陕西科技大学博士科研启动基金资助出版

中国农业科技推广体系
改革与创新

RESEARCH ON AGRICULTURAL
SCI & TECH EXTENSION
INNOVATION IN CHINA

黄天柱　著
HUANG - TIANZHU

中国农业出版社

序

　　黄天柱博士的《中国农业科技推广体系改革与创新》一书在反复凝练和不断拔高的基础上即将正式出版。由于我对这本专著的写作情况及其成就有一定了解，故愿略做介绍和推荐。

　　中国农业科技推广体系经过多次改革，现行推广体系在发展理念、组织体系以及推广内容等方面都有了较大的突破与拓展，但是改革并没有从根本上触动农业科技推广体系行政化的组织架构，公共科技推广的基本地位并没有得到解决。该书提出的"创新体系"和"三大平台建设"将对优化、完善中国现存农业科技推广体系，提高农业科技成果转化率都具有重要的现实意义，同时拓展了农业科技推广公益性事业的外延。

　　黄天柱博士经过四年的辛勤耕耘，终于拿出了可喜成果，读罢该书稿，给我留下以下初步印象：

　　一、总结了社会主义新农村建设和取消农业税以后县、乡两级农业科技推广机构面临的问题对农业科技推广提出的新要求，分析了农业科技推广方式、方法和思路的改进措施。

　　二、针对当前自然科学和人文社科研究失衡的现状，分析了软科学研究成果具有滞后性、应用性、模糊性和公益性的特点，并将软科学研究成果纳入科技推广创新体系，认为主要的推广渠道是提供政府决策和公众的教育和引导。

　　三、将依托涉农企业建立科技示范 E 平台、依托科研院所建立科技成果转化平台和依托农业高校建立科技培训平台等"三大平台建设"作为创新体系创建的重点内容，强调农业专业技术协会和新型农民的作用，主体协同、供求耦合，运行有序，为新的科技推广体系提供了可靠的保障。

四、书中开放式农业科技示范 E 平台建设的思路、内容、方法和"农民网吧"的体现形式，克服了目前利用互联网推进科技示范受到推广受体、电脑设备和网络运行等因素的制约，可以产生政府、电脑制造商、网络运营商、信息提供商和软件开发商等主体的协同效应，不仅使农民上网成为可能，还将大大加快农村信息化建设的步伐，具有创新性。

五、中国农业教育机构普遍存在农业科技推广效率低的问题，对科技成果绩效的估算、评价方法存在差异。评价农业教育机构科技推广绩效，是从整体上对农业教育机构内在价值的判断。本书介绍了新构思的农业高等院校科技推广绩效定量测评的指标体系与模型。对农业科技成果分类管理是农业教育机构科研管理容易疏漏的地方，本书介绍了农业科技成果的分类办法，对农业教育机构科技管理将起到借鉴作用，有一定新意。

要指出的是，农业将长期作为中国的基础产业和弱势产业，政府的投资是必要而紧迫的，新型农业科技推广体系的创建需要诱致性制度变迁和强制性制度变迁相结合，需要政府、涉农企业、农业高校、科研院所、农业专业协会、农技推广人员和农民的共同努力。相信随着农业科技服务体系的建立和完善，农业科技推广的新局面将很快到来。

2008 年 3 月

前　言

　　中国是一个农业人口占总人口 70％以上的发展中农业大国，农业从业人员占社会从业人员的比重达 46.9％，但农业增加值占 GDP 的比重仅为 15.2％。改革开放以来，农业领域的基础研究和高新技术研究发展迅速，农业综合生产能力连续迈上几个新台阶，农业经济结构发生了根本性的转变，农村经济全面发展，出现了局部农村繁荣，但是在市场经济体制下，农业深层次的问题仍然没有解决，"三农"问题还是全面建设小康社会的制约因素。

　　解决"三农"问题的核心是发展农业经济，农业经济的发展离不开科技创新，未来农业的发展将更加依赖科技进步。中国每年约有 6 000～7 000 项农业科技成果问世，但是科技成果转化为现实生产力的仅为 30％～40％，多一半的科技成果不能为经济建设作贡献。为了推动社会主义新农村建设，就必须把三科（科研与推广单位、农业教育机构以及国外的科技成果）与三农（农村、农业、农民）之间的"桥梁工程"高标准地建好。"桥梁工程"指的就是农业科技推广。

　　农业科技推广受到世界各国政府的重视。中国现行的农业推广是以政府农业推广机构为主体的单一推广模式，现已初步建立起较为完善的农业科技体系和技术推广体系，其优点是具备一定的推广条件，能较好地执行国家农业总体发展计划。但是，目前中国以政府推广机构为主体的农业推广体系"线断、网破、人散"，存在着科技推广机制不活，科技成果转化率偏低，科研、推广、生产三者之间衔接不紧密，农业科技推广体系不健全，推广人员素质偏低，农民组织化程度差等诸多问题，难以适应市场经济发展的需要，建立新型农业推广体系势在必行。

基于以上思路，本书采用对比分析、实证分析和归纳演绎等方法，以马克思主义基本理论和科学发展观为指导，做了以下工作：①阐述了与农业科技推广体系有关的推广理论。包括新制度经济学相关理论，农业科技推广的路径依赖，农业推广学的学科性质、研究内容以及需求理论、农民行为改变理论、教育理论、新技术扩散理论、农业踏板原理和内源发展理论，阐述了农业科技成果转化和科技推广的关系。②分析了现阶段农业经济发展、社会主义新农村建设和市场经济条件下新型农民科技需求变化给中国农业科技供给提出的在推广方式、方法、理念等方面的创新和变革需求，进行了供求主体之间的协同分析。③总结了中国现行农业科技推广体系的现状、供给状况和弊端，提出了中国农业科技推广创新体系的思路、创建原则、重点内容、主要措施和实施步骤。分析了世界农业科技推广体系的基本特征，重点介绍了美国、日本推广体系的经验和对中国的启示。④经过对农业科技推广供求状况的分析和总结，探索和创建了一个适应社会主义市场经济体制，以国家农业科技创新与推广体系为主导，农业高校、科研院所、涉农企业、农业专业技术协会等为供给主体，农业生产与推广、教育紧密结合，上下连贯、主体协同、功能齐全、运行有序、结构开放的多元化农业科技推广体系（以下简称"创新体系"），介绍了该体系的基本框架、主要内容、运行机制、保障措施和科技培训、网络、成果转化"三大平台"建设。⑤有针对性地提出了农业科技推广创新体系的政策建议与对策。重点介绍了农业高校科技成果转化绩效定量测评的指标体系与模型方法和农业科技成果的分类办法，对农业教育机构科技管理将起到借鉴作用。同时将软科学研究成果推广纳入体系创新之中。⑥介绍了中国农科院机构改革、西北农林科技大学葡萄酒学院校企联合办学实践和部分基层农业科技推广体系改革的成功经验。

　　本书的雏形是我 2006 年 10 月完成的博士学位论文。此后，又根据论文的不足，结合自己的研究，做了进一步的修改和完善。在本书的写作和修改过程中得到我的导师罗剑朝教授的亲切关怀和精心指导。西北农林科技大学张襄英教授、徐恩波教授、郑少峰教授、王礼力教授、陆迁教授、贾金荣教授、高翔研究员、魏安智研究员、张显研究员、谢恩魁副研究员、海江波副教授、中科院西北水土保持研究所王继军研究员、西安电子科技大学杨生斌教授以及西北农林科技大学经管学院、推广处、葡萄酒学院的领导和老师都给予了多方面的支持、指导和帮助。吕晓英同志对本书的顺利完成也付出了辛勤的劳动。值此出版之际，谨向上述老师和同事们表示衷心的感谢。

　　中国农业大学许无惧教授、东北农业大学王慧军教授等学者的研究成果为我现在的研究奠定了坚实基础。中国目前在农业科技推广领域近千人的研究团队为我树立了典范。我所参与西北农林科技大学探索和实践的"政府推动下以大学为依托、基层农技力量为骨干"的农业科技推广创新体系总结了学校成百上千人的经验和智慧，给本书提供了丰富的实证材料。东北农业大学王慧军博士不仅为本书提供了大量研究资料，而且有许多新观点被本书吸纳。本书借鉴和引用了百余篇中外文献，向这些作者所取得的斐然成绩表示深深的敬意和衷心的感谢！

最后要感谢陕西科技大学管理学院院长颜毓洁教授在百忙之中审阅书稿并作序，西北农林科技大学科技推广处谢恩魁同志做了细致的工作，由于他们的大力支持，才使本书顺利出版。

由于作者水平所限，加之农业科技推广问题不断发展变化，书中不妥或谬误之处在所难免，恳请广大读者和同行批评指正。

黄天柱

2007 年 11 月于西安

ABSTRACT

China is a large developing agricultural country which more than 70% of its population is in countryside, population engaged in agriculture production accounts for 46.9% of the total population with job in all kind of life, but the increase value of agricultural production only accounts for 15.2% of China's GDP. Since China opened up to the outside world, the basic and hi - tech research in agriculture developed fast, the comprehensive production ability of agriculture had gone up several new steps, the agricultural economic structure changed completely, rural economy developed in an all - round way, the regional prosperity in countryside appeared, however, under the condition of market economy, the deep problems in agriculture has not been solved yet, the problems facing agriculture, countryside, and farmers still is the constraint for building an overall comfortable society in China.

The key to solving problems facing agriculture, countryside, and farmers is to develop rural economy, the development of agricultural economy relies in the innovation of science and technology, the agricultural development in the future must depend on scientific progress. Our country have 6 000~

7 000 agricultural achievements every year, but the only about the 30%~40% of the achievements has been transferred into production force. More than half of it can not make contribution to the economic construction. For promoting to build new village of socialism, bridge engineering linking research, extension institutions, agricultural education institutions and agriculture, countryside, and farmers must be done well, the bridge engineering means agricultural sci - tech extension here.

Agriculture sic - tech extension is stressed by every government of foreign countries. The current agriculture extension in our country is a kind of single extension model with the government - run extension as body. Now our country has established a complete agricultural science and technology system and extension system, its advantage is that our country has some extension foundation, and this can carry out the overall plan of our country. However, the network and linkage of extension system which the government extension system as body are broken, the extension staff go away to do other things. The mechanism of extension becomes rigid, the transfer rate of scientific achievement is low, lack integration among research, extension and production, the extension system is not complete, the quality of extension staff is low, organization of the farmers is poor etc. the above problems is difficult to requires the need of market economy, so it is necessary to establish the new agricultural extension system.

Based on the above problems, the below thinks are analyzed by means of comparison analysis, case analysis and induction and deduction methods which are guided by the theory and outlook of Marxism.

1. Extension theory related to agricultural extension system. It includes the theory of new institution economics, the path foundation for agricultural extension systems, the feature and study contents of the agriculture extension, study of change of farmers' behaviors, education theories and new technique proliferation theories, the principle of agricultural pedal, connotation development theories. The paper describes the relationship between scientific achievement transfer and sci - tech extension.

2. The paper analyzed the requirements of innovation and reform in extension styles, methods and thoughts which is provided by the new farmers for the agricultural extension of our country according to under the condition of current development of agricultural economy, building new countryside of socialism and market economy. At the same time, the body between the supply and demand is analyzed.

3. The current situation, supply and demand, advantage and disadvantage of agricultural extension system of our country are summarized up, and the innovative thinks for agricultural thinks, established principle, key contents, main measures and steps for carrying out are worked out. The paper analyzed the characteristics of world agricultural extension sys-

tems. The enlightens of agricultural extension systems in the United States, Japan to our country are introduced.

4 . After the analysis and summary of supply and demand in agricultural extension, has developed and established a extension system , which the system adapted to the system of socialism market economy, is guided by national agricultural sci - tech innovation and extension system, agricultural universities, research institutions, enterprises related to agriculture, agricultural technique societies etc are the main body of agricultural extension. Close integration between agricultural production and extension and education, the multi - function extension system with complete function, open structure, orderly operation (hereinafter referred Innovation system), the paper introduces the basic framework, main contents, operation mechanism, support measures and construction of tree platforms (sci - tech training, network and scientific achievement transfer).

5. The policy suggestions and countermeasures for agricultural extension innovation systems are worked out with special purpose. The index system for determining the benefit of the achievements transfer of agricultural extension, model methods and classification method of agricultural achievements are described mainly, this can be used as reference for management of agricultural education institutions. At the same time, the achievements of soft science research will be put in the innovation system.

6. Taking system reform of Chinese Academy of Agricultural Science, the practice which College of Enology of Northwest A&F University runs school with enterprise experience as examples.

After several reforms in agricultural extension in our country, the development think, organization systems, extension contents of the current extension system has breakthrough and expanded a lot, however, reform has not broken the basic administrative framework of agricultural extension system, the foundation place of public science extension has not been solved. Establishment of Innovation Systems will be significant to build optimal and complete agricultural extension systems, to increase transfer rate of agricultural sci - tech achievements.

KEY WORDS   Agriculture, Sci - Tech extension system, Reform, Innovation

目　　录

序

前言

第一章　导论 ………………………………………………… 1

　第一节　研究背景、目的和意义 …………………………… 1

　　一、研究的背景 …………………………………………… 1

　　二、研究的目的 …………………………………………… 8

　　三、研究的意义 …………………………………………… 11

　第二节　国内外研究动态 ………………………………… 13

　　一、国外主要研究动态 …………………………………… 13

　　二、国内主要研究动态 …………………………………… 15

　　三、国内外研究动态综述 ………………………………… 18

　第三节　本书研究范围 …………………………………… 19

　　一、农业推广学的学科性质 ……………………………… 19

　　二、农业推广学科的研究内容 …………………………… 20

　　三、本书研究范围的界定 ………………………………… 22

　第四节　研究思路与方法 ………………………………… 24

　　一、研究思路 ……………………………………………… 24

　　二、研究方法 ……………………………………………… 25

第二章　农业科技推广的基础理论 ………………………… 26

　第一节　与农业科技推广体系有关的基本概念 ………… 26

一、现代农业科技推广 ················ 26

二、农业科技成果 ················ 27

三、农业科技成果转化 ················ 28

四、新型农民科技培训 ················ 30

五、农业专业技术协会 ················ 30

六、产学研结合办学思路 ················ 31

七、软科学研究成果 ················ 32

第二节 制度创新的基本原理 ················ 33

一、制度转型 ················ 33

二、诱致性创新原理 ················ 34

三、诱致性制度变迁与强制性制度变迁 ················ 35

四、路径依赖与农业科技推广体制改革 ················ 37

五、路径依赖与中国农业科技推广运行机制变迁 ··········· 38

第三节 农业科技推广体系的基本理论 ··········· 39

一、农业科技成果供求理论 ················ 39

二、农民行为改变理论 ················ 43

三、教育理论 ················ 47

四、新技术扩散理论 ················ 49

五、农业踏板理论 ················ 56

六、内源发展理论 ················ 59

第三章 中国农业科技推广需求分析 ··········· 61

第一节 新阶段中国农业经济发展对科技推广的需求 ········· 61

一、新阶段中国农业经济的主要特征 ··········· 61

二、农业经济的发展对科技新的需求 ··········· 74

第二节 社会主义新农村建设对农业科技推广的需求 ········· 76

一、新农村建设的主要内容 ················ 76

二、新农村建设对推广体系的需求 ··········· 79

第三节 市场经济条件下农民对科技推广的需求分析 ········· 80

一、市场经济条件下农户经营的特点 ……………………… 80

二、农民对科技需求的新变化 …………………………… 82

第四节 新阶段对中国农业科技推广理念、制度、方式与
方法变革的要求 ………………………………… 85

一、要求农业科技推广组织明确职能，科学定位 ……… 85

二、要求农业科技推广组织面向市场和农民，自下而上开展
推广工作 ………………………………………… 86

三、要求推广的方式和方法创新 ………………………… 86

四、要求用世界的眼光来认识和改革中国的农业科技推广 ……… 86

第四章 中国农业科技推广供给分析 ………………………… 88

第一节 中国农技推广体系制度变迁 …………………… 88

一、20 世纪 50 年代初至 50 年代末为形成期 ………… 88

二、20 世纪 60 年代初到十一届三中全会召开前为低谷期 … 89

三、20 世纪 80 年代初到 90 年代中期为恢复发展期 … 89

四、20 世纪 90 年代中期至今为调整重构期 …………… 90

第二节 中国农业科技推广体系的现状 ………………… 92

一、推广体系结构状况 …………………………………… 92

二、推广主体和职能划分 ………………………………… 94

三、经费状况 ……………………………………………… 95

四、供给主体职能发挥情况 ……………………………… 97

五、农业推广专业体系划分 ……………………………… 98

第三节 现行农业推广体系的主要特点和供给状况 …… 101

一、主要特点 ……………………………………………… 101

二、供给状况 ……………………………………………… 102

第四节 中国农业科技推广体制弊端分析 ……………… 105

第五节 软科学研究成果推广应用的现状和问题 ……… 110

一、软硬科学发展失衡 …………………………………… 110

二、软科学研究成果推广存在的问题 …………………… 110

第五章　世界农业科技推广体系经验与借鉴 ………………… 113

第一节　世界农业科技推广体系的基本类型 ……………… 113

第二节　世界农业科技推广的发展趋势 …………………… 115

第三节　发达国家农业科技推广的特点 …………………… 117

第四节　美国政府和农学院的农业合作推广体系 ………… 119

一、美国农业科技推广概况 …………………………… 119

二、美国农业科技推广体系 …………………………… 120

第五节　日本农业科技推广改革的新动向 ………………… 128

第六节　世界农业科技推广对我们的启示 ………………… 131

第六章　中国农业科技推广供求耦合：农业科技推广
体系创新 ……………………………………………… 135

第一节　农业科技推广供求主体间的协同分析 …………… 135

第二节　农业科技推广体系创新的路径选择 ……………… 138

第三节　农业科技推广体系的公共品属性与
政府财政支持 …………………………………… 140

第四节　中国农业科技推广面向未来的改革与发展 ……… 141

第五节　建立中国农业科技推广创新体系 ………………… 146

一、指导思想 …………………………………………… 146

二、创新原则 …………………………………………… 146

三、创新内容 …………………………………………… 147

四、重点领域选择 ……………………………………… 149

五、创新措施 …………………………………………… 150

第六节　创新过程中应关注的几个问题 …………………… 155

一、机构改革与设置 …………………………………… 155

二、人员配置和用人机制 ……………………………… 155

三、经费收支制度和管理体制变革 …………………… 156

四、非政府机构的参与 ………………………………… 157

第七节　创新体系的阶段目标和实施步骤 …………………… 158

第七章　农业科技推广创新体系的创建与运行 …………… 161

第一节　农业科技推广供给主体间的博弈 …………… 161

第二节　农业科技推广创新体系"三大平台"建设 ……… 163

一、创建的内容 ……………………………………… 165

二、基本框架 ……………………………………… 165

三、依托涉农企业创建科技示范 E 平台 ………………… 166

四、依托农业高校建立新型农民科技培训平台 ………… 171

五、依托科研院所建立科技成果转化平台 ……………… 176

第三节　农业科技推广创新体系的运行机制 …………… 178

第四节　中国农业科技创新体系的主要特点 …………… 182

第八章　中国农业科技推广创新体系创建的

　　　　政策建议与对策 ………………………………… 184

第一节　政策建议 ……………………………………… 184

第二节　对策之一：建立农业科技成果分类管理体系 …… 189

一、把握农业科技成果的主要特点 …………………… 189

二、对农业科技成果进行分类管理 …………………… 190

第三节　对策之二：根据农业科技成果转化的客观规律

　　　　建立评价体系 …………………………………… 192

一、农业科技成果转化的过程 ………………………… 192

二、农业科技成果转化的评价指标 …………………… 194

三、建立农业教育机构科技成果转化绩效评价体系 …… 199

第四节　对策之三：建立社会化的农业科技推广

　　　　服务体系 …………………………………………… 206

第九章　中国农业科技推广体系创新案例 ………………… 209

第一节　科技推广供体改革案例——中国农业科学院

　　　　科技体制改革 ·· 209

　第二节　农业高校产学研结合办学促进产业发展的

　　　　成功案例 ·· 215

　第三节　基层农业科技推广体系改革的成功经验 ·········· 219

第十章　结语 ·· 221

参考文献 ·· 225

第一章 导 论

第一节 研究背景、目的和意义

一、研究的背景

(一) 政治背景

50 多年来，中国国民经济从战略上一直采取了"以工促农"的做法，致使上世纪 70 年代末，工农业产品的剪刀差扩大。在经营体制变革之后，"剪刀差"仍没能消除，结果在上世纪 80 年代中期的粮食总产和主要农产品产量出现了连续的低迷。"以工促农"战略集中表现为"城乡分治，一国两策"体制，这一体制使农民在政治、经济、教育、税费负担等方面和城镇居民相比均处于劣势，使国家的公共政策、公共资源、公共支出不能及时流入农村，而是不断地为相对富裕的城市锦上添花。例如，中国农业产值只占全国 GDP 的 14.5％ (2002)，而农业人口却占全国人口总数的 70％以上，按人均收入 1 美元/每天的国际通行标准和购买力评价折算，中国的贫困线为年收入 924 RMB 元，那么中国约有 7.58 亿农村人口和 2 000 多万城市人口属于贫困[1]。虽经多年的改革和发展，中国以农业经济为主体经济结构已得到彻底改变，农村面貌发生了根本性变化，出现了局部的农村繁荣、农业发展和收入增加，但是作为一个传统的农业经济发展中国家，"三农"问题依旧突出，广大农村仍处于相对贫困之中，已成为中国全面实现小康社会奋斗目标的关键性制约因素。这一局面促使中央政府从宏观经济政策上更加重视农业和农村建设。

因此，从上世纪 90 年代开始，"三农"问题就受到中央政府高度重视，先后出台了一系列政策措施，力求改变这一局面。例如，1990 年《国务院关于切实减轻农民负担的通知》、1991 年《农民承担费用和劳务管理条例》、1992 年国办《关于进一步做好农民负担和劳务监督管理工作的通知》、1993 年中办《关于减轻农民负担的紧急通知》等。从 1993 年开始，国务院分批取消了中央国家机关各有关部门涉及农民负担的 100 多个集资、基金和收费项目，中央还制定了《关于违反农民负担管理政策法规的党纪政纪处分规定》。2000 年首次以省为单位在安徽进行农村税费改革试点，2006 年全国取消了农业税。2003 年全国共查处涉农负担案件（问题）5 973 件，给予党纪政纪处分 2 765 人。2004 年开始了从减负到增收的转变，2004 年 1 号文件即《关于促进农民增加收入若干政策的意见》围绕农民增收问题，采取了各种措施予以保障。2005 年 1 号文件《关于进一步提高农业综合生产能力若干政策的意见》再次锁定"三农"问题，从"促进增收"发展为"提高农业综合生产能力"。2006 年又颁布了《关于推进社会主义新农村建设的若干意见》，再次将解决"三农"问题作为全党工作的重中之重，文件提出了工业反哺农业、城市带动乡村的发展思路，充分体现了科学发展观的精神。这是中国改革开放以来中央关于"三农"问题的第 7 个一号文件。

解决"三农"问题，才能最终实现好、维护好、发展好最广大人民的根本利益，才能实现全面建设小康社会的奋斗目标，才能加快农业、农村经济的发展，缩小城乡差别，最终达到共同富裕。这是实践"三个代表"的必然要求和体现，是全面建设小康社会的必然要求，也是社会主义本质的必然要求。解决"三农"问题，要进行历史分析、现实比较借鉴、政策调整和社会互动，只有积极稳妥地推进各项制度改革，才能从根本上发展农业、促进农村经济发展，切实增加农民的收入，达到农民致富乃至全社会小康的目标[2]。全面建设小康社会，农村需要的是一场实质性的伟大的变革，这场正在进行的变革成为农业科技推广体系改革的政治背景。

（二）体制背景

1. **家庭承包责任制的副效应** 家庭承包责任制的历史性贡献和不可替代性毋庸置疑。但是，目前中国有 9 亿农村人口，近20 亿亩耕地，考虑到自然灾害和高寒盐碱的贫瘠土地、照顾到退耕还林的政策要求，农村人均最多两亩地。南方两熟地区人均一亩；北方单熟地区人均三亩，产量相当于南方的一亩。这样的"一亩地经济"无论如何经营也无法真正致富，实际上解决的仅是温饱问题。况且，在家庭承包责任制的产业市场化时代，农民的劳动热情"不值钱"，农产品价格偏低，出现了农民对科技成果的有效需求不足。进入新的发展阶段后，农户小规模的分散经营与国内外市场的有效衔接已成为一个突出矛盾，并且随着市场全球化，中国的小农还遇到了西方"农业产业化"的竞争，其生存条件将趋于恶化。

2. **基层行政管理体制的弊端** 目前，中国农业的弱质性、农村的弱势地位，决定了农业要发展、农民要增收离不开政府的行政干预。但目前基层政权的架构、行政目标与方式，与农民的需要、与市场经济的运行机制还有很大差距。特别是当前新型农民发展经济所需的信息、技术和资金服务基层政府难以提供，科技投入少，技术含量低。社会化服务体系发展滞后制约了农业产业化经营。例如，乡级政府机构人员精简问题，据《中国农民调查》（李昌平，2002）显示，中国在编的党政机关干部从 1979 年的 279 万人上升到 1989 年的 543 万人，其中县乡两级干部人数增长了 10 倍，到 1997 年，这一数字增加到 800 多万，增加的数字与同期国有企业下岗人数 126.9 万大体相当。这期间，县乡两级机构人员更是大幅增加，出现了所谓"几十顶大盖帽管一顶破草帽"的现象。取消农业税后，县乡两级财政收入大幅下降，这与庞大的机构与人员引发了突出的矛盾。

3. 金融制度的制约　金融制度制约了农村经济尤其是农村非农经济的发展。当前，农村资金供求矛盾非常突出，主要表现为：①农村资金外流问题严重，农村经济发展中的资金要素日益稀缺。商业银行在农村吸收的资金绝大部分回流到城市。②国有商业银行贷款审批、发放权过于集中，制约了基层行贷款发放的灵活性和时效性，不适应县域经济重要组成部分——中小企业信贷需要急、期限短、频率高、数额小、风险大的特点，加之激励机制和约束机制失衡，严重制约了信贷对农村经济发展的支持。③国有银行收缩农村机构，农村信用社独立承担支农任务，而部分地区农村信用社由于历史包袱沉重，资金周转困难。④农村信用体系不健全，农民、乡镇企业担保难、贷款难问题突出。

由于政治体制改革的滞后，政府职能的转变仍然比较慢，整个行政体制的运行带有较浓的计划体制色彩，目前尤其要加快乡镇机构改革，精简机关工作人员，加快县乡机构改革和村民自治，建立广大农民的政治参与和经济参与制度渠道[3]。要把建立社会化服务体系摆在重要位置上，为农业产业化经营提供各项科技、信息、资金等服务。政府只有真正从"管农民"转变为"为农民服务"，农业中的许多问题才可能更有效地得到解决。社会化服务体系的建立成为农业科技推广体系改革的充分条件。

（三）经济背景

1. 世界农业科技与农业经济交替发展的趋势　进入 21 世纪，世界科技革命迅猛发展，经济全球化趋势增强，世界格局发生了重大变化[4]。就农业经济而言，仍处于传统农业与现代农业并存阶段，在总体上，实现由传统农业向现代农业转变的同时，现代农业将向更高层次发展[5]。世界农业发展的显著特点是生物技术、信息技术等高新技术成果向农业领域迅速的渗透和转移，并开始形成以生物技术、信息技术为重点的农业高技术产业[6,7]。科学家们预言，21 世纪是生物工程的世纪，生物技术必将在最终解决人类所面临的食物和其他农业重大问题上发挥日益突出的作用。知识经济与经济全球化进程的明显加快，使科技实力的竞争成为世界各国综合国力竞争的核心，农业科学技术已成为推动世界农业经济发展的强大动力。

（1）农业科技不断向深度和广度发展，科学研究的重大突破正在使农业经济产生质的飞跃，出现革命性的变化。21 世纪农业科技将在探索作物、畜禽、鱼虾等动植物和微生物生命活动的奥秘、高效利用水土光热资源等方面取得重大突破，从而使农业高产、优质、高效，达到一个新的水平。生物技术、信息技术和新材料等高新技术研究的更大进展和更广泛的应用，使现代农业科学技术飞速发展，并构成改造传统农业的崭新技术体系。以高新技术为特点的精确农业的产生与发展，使农业经营进入一个崭新阶段。转基因生物工程，特别是转基因作物的发展，将带动农业生产的历史性跨越。

（2）现代农业科学在学科分化、分工与更新的同时，走向新的联合。现代农业科学技术与传统农业科学技术相比，具有智能化、生物化、产业化、企业化和国际化等 5 个显著的特征，推进了农业产业化进程。

（3）科技对资源的转换和替代作用日益增强，农业环境保护的技术越来越受到广泛重视。为适应资源、人口、生态环境的良性循环、永续利用和农业可持续发展的需求，新兴学科不断涌现，为人类利用和改造自然资源创造了更多的条件，农业不再被局限在第一产业，而是向其他产业渗透。

（4）农业科学技术的国际合作迅速发展。农业生物技术，如动植物基因重组、农业生态环境整治、防沙治沙；农业信息技术，如跨国农业信息网络建设等方面的国际合作日益扩展，除政府间的科技合作外，民间特别是企业间的跨国合作蓬勃兴起。国际竞争与合作并存、交流与限制并存，形成了非常复杂的态势，这种态势对于促进农业经济发展起到了积极的作用[8]。

2. 中国农业科技进步与农业经济发展的相互促进作用

（1）农业科技进步和农业科技进步贡献率。世界农业的快速发展主要得益于农业科技的重大突破和创新，在信息现代化和经济全球化的当今社会，农业科技进步对社会经济的贡献也越来越大。农业科技进步有狭义和广义、软科技进步与硬科技进步之分。通常所说的农业科技进步是指广义的农业科技进步，包括：农业自然科学科技进步和社会科学科技进步。农业科技进步贡献率是反映农业投入产出效益和增长方式的一个重要指标，指科技进步对农业经济增长的贡献份额。一般情况下，经济增长（一般用农业总产值来体现）的来源有两个方面：一是来源于生产投入的增加，二是来源于科技进步带来的投入产出比的提高。即农业总产值增长率＝因科技进步产生的总产值增长率（科技进步率）＋因新增投入量产生的总产值增长率。中国农科院农经所的朱希刚研究员应用C-D生产函数模型①对"一五"至"八五"时期中国农业科技进步贡献率进行了测算，之后利用余值法（增长速度测算模型）对"九五"时期的农业科技进步贡献率进行了测算（测算结果为45%，2002年）[9]。农业科技进步和贡献率的不断提高，为中国农业持续稳定的发展做出了重大贡献。

（2）科学技术仍然并且长期是农业发展的关键。农业要发展，科技须先行，科学技术是农业战略性结构调整的依据，是农业发展的活水源头。依靠农业科学技术，是实现农业现代化的根本和关键所在。改革开放20年来，中国农业取得了举世瞩目的成就。粮食和其他经济作物、林牧渔各业大幅度增长，基本解决

① C-D函数模型是建立在C-D生产函数 $Y=AC^L$ 的基础上的，它的基本关系式为：$Y=Ae^{\delta t}K^{\alpha}L^{\beta}$ 式中，A是常数项，α、β 分别是资本投入K和劳动力投入L的弹性系数。$e^{\delta t}$ 是反映科技进步对t年度产出的影响系数；δ 表示测定时期内科技进步的年平均变化率，即靠科技进步使每一年的产出量比上一年产出量增长的百分比。

了全国 12 亿人口的温饱问题，为促进整个国民经济健康、快速发展，确保社会稳定和国家安全做出了重要贡献。中国农业的持续快速发展的实践证明，"一靠政策，二靠科技，三靠投入"，而最终还是靠科技解决问题。近年来，科技进步对农业生产推动作用，主要可概括以下方面：①动植物遗传育种技术的进展与突破，大幅度提高了农业产量。②动植物营养学和农业化学的发展，导致了化肥、饲料添加剂的推广。③农田水利学和农业生物学的发展，为节水灌溉和旱作技术的推广创造了条件。④动植物保护科学的发展有效地控制病虫害，减少了农业损失率。⑤多学科结合和农业综合研究，推动了中低产田治理与区域农业综合发展。⑥农业高新技术发展，正在实现商品化、产业化和国际化[10]。当前，中国农业和农村经济发展发生了根本性转变，产业发展对科技的需要越来越突出，科技成为农民增收的决定性因素。以现代科技及其应用技术装备起来的崭新产业是未来农业的发展趋势，未来农业经济的发展与农业科技进步的关系将更加密切。

（3）农业经济的发展对科技进步提出了新的要求。农业经济的快速发展，对科技转化和科技工作者提出了更高的要求。新时期农业科技工作重点是加快研制"三大技术"，即开发和推广优质高产高效技术，加工保鲜储运技术，农业降耗增效技术；要逐步建立"三大体系"，即具有世界先进水平的农业科技创新体系，高效率、高效益转化科研成果的技术推广体系，显著提高农民科技文化素质的农民教育培训体系；实现"两个结合"，即科研与生产相结合，自主研究与技术引进相结合。这就要求科技主体：①既要追踪、赶超世界农业科技前沿，创造世界一流的成果，又要有大量的能够满足现实生产经营需要的先进适用技术；②既要重视基础研究、开发研究，又要重视技术推广和应用转化工作，也就是要正确处理源与流的关系；③既要抓高新技术，又要抓常规技术，技术研究不能偏执一端；④既要集约力量开展关键技术攻关研究，又要延长科技链条实现产前、产中、产后技术集成配套；⑤既要重视培养一批学术带头人，又要注重提高农业科技队伍的整体素质[11]。

二、研究的目的

（一）科技主体由公共财政支持的国家农业推广体系承担

1. 农业产业的战略性地位所决定 农业的特殊性突出表现在它与人类环境、可持续发展的紧密性，以及与全民族身体素质、全社会食品安全乃至社会稳定的休戚相关性。特别是对于中国这样一个小农为主体的农业大国，一方面在农业领域集中了社会庞大的弱势群体——2.38亿户的小农；另一方面是极为有限的、远远低于世界人均占有水平的可耕地、水资源等农业基础性资源和十分脆弱的农业基本生产条件、生态条件，以及不可抵御、难以预测的自然风险，农业生产存在着较大的不确定性。农产品的社会属性决定了它为社会提供安全、可靠、稳定的食品供给，这与各国政府的目标一致。农业的发展水平、发展状况直接影响到国家经济、社会、政治的各个方面，决定了国家公共财政支持的主导地位。

2. 农产品需求弹性低、供给滞后性的特点 与农业的生物性和消费特征相联系，农产品主要是用于人类的食品消费，与一般工业品相比具有明显的需求弹性低和供给滞后性特点。并且农产品生产周期长，供给量对于市场的反应往往是一种滞后的反应（即蛛网供求关系）。农产品需求弹性低的特点，往往造成因采用新技术、新品种而实现的农产品供给大幅度增长最终导致农民收入的大幅度下降，如果没有政府强有力的价格支持，在追求产出效益的目标下农民往往缺乏采用新技术的动力。农产品的这一市场属性决定了私人企业对农业投资的介入是非常有选择性的，因为涉农企业的推广成本与风险相对较高，主要依靠涉农企业将导致农业推广的总体有效供给不足和偏颇。

3. 工业反哺农业的切入点 从各国的现代化过程看，工业化国家大多经历了从农业中完成资本的原始积累，再实现工业化后反哺农业的一个过程。中国到 20 世纪 90 年代后期业已进入了工业化中期，已经进入了反哺农业的时期，例如，"十一五"期间国家和社会大量资金将投入农业和农村建设，改善农村面貌和公共服务设施。同时，随着国际竞争的日益激烈，农产品贸易成为一个焦点问题。欧盟的最低保护价、美国对农业的低息贷款和休耕补贴、日本对大米的高额补贴等，都引起了不小的争议和纠纷。各国政府都转向利用世界贸易组织的规则，加大对农业基础设施建设和农业技术推广的投入，甚至用工业反哺农业，提高农民的经营和管理素质，提高农民的科学种田水平，进而提高农业的整体竞争力。在 WTO 的框架下，反哺农业的一个最佳切入点就是大力扶持农业科技创新体系、农业社会化服务体系与农业科技推广体系的建设。

（二）科技推广体系创新符合中国农业政策导向

农业科技推广是实现科技成果转化的重要桥梁，是联系科研、教育、生产的重要纽带，是促进农业技术进步、实现农业现代化的重要手段。中国农业和农村经济进入新阶段以后，党和政府高瞻远瞩，审时度势，于十六大提出了全面建设小康社会的奋斗目标，并将解决"三农"问题作为新时期全党工作的重中之重，提到重要的议事日程。全面建设小康社会重点在农村，难点在农民，关键在科技，突破在于科技体制创新。随着社会主义市场经济的建立和完善，中国农业和农村经济进入一个新的历史阶段，为中国农业科技体制创新提出了新的要求[12]。

目前中国农业科技推广主要以政府推广机构为主，存在着推广机制不活，科技推广率偏低，科研、推广、生产脱节等诸多问题[13]，不适应国际化农业发展和中国现阶段农业发展的需要。为了适应世界农业科技发展的新形势，迎接科技挑战，依靠科技支撑来实现 21 世纪中国农业的跨越式发展，就必须不断改革和创新[14]。

　　根据江泽民同志提出的"三个代表"重要思想，发展已成为中国共产党执政兴国的第一要务，明确提出"发展要有新思路，改革要有新突破，开放要有新局面"。他还多次强调："创新意识对中国 21 世纪的发展至关重要"，"创新是一个民族进步的灵魂，是一个国家兴旺发达的不竭动力"，"科技创新已越来越成为社会生产力解放和发展的重要基础和标志之一"。胡锦涛总书记在十六届三中全会上提出了"坚持以人为本，树立全面、协调、可持续的科学发展现"论断，这是对社会主义现代化建设规律的科学认识，是全面建设小康社会和实现现代化的指导方针，也是中国科技发展和农业科技深化改革的指导方针。2003 年 3 月 1 日起施行的《中华人民共和国农业法》第五十条规定：国家扶持农业技术推广事业，建立政府扶持和市场引导相结合，有偿与无偿服务相结合，国家农业技术推广机构和社会力量相结合的农业技术推广体系，促使先进的农业技术尽快应用于农业生产。而农业科技推广创新体系是建立新型农业科技创新体系的重要内容。2004、2005 年和 2006 年中央 1 号文件都指出，要深化农业科技推广体制改革，加快形成国家推广机构和其他所有制推广组织共同发展，优势互补的农业技术推广体系，支持农业高校、涉农企业和专业协会参与农业技术的研究与推广，为农业科技推广体系创新提供了政策保障。2005 年一号文件还强调：要加快改革农业技术推广体系，按照强化公益性职能、放活经营性服务的要求，加大农业技术推广体系的改革力度。国家的公益性农技推广机构主要承担关键技术的引进、试验、示范，农作物病虫害、动物疫病及农业灾害的监测、预报、防治和处置，农产品生产过程中的质量安全检测、监测和强制性检验，农业资源、农业生态环境和农业投入品使用监测，水资源管理和防汛抗旱，农业公共信息和培训教育服务等职能。对公益性技术推广工作，各级财政要在经费上予以保证。

三、研究的意义

(一) 农业科技推广理论与实践发展的需要

在市场经济条件下，农业存在着许多市场机制所接触不到的领域和解决不了的问题，如农民培训、社区开发、农业环保等公益事业[15]。随着市场经济的逐步建立和完善，要求国家加强对经济生活的宏观调控，减少其直接行政干预。但长期以来，由于中国政府主导型推广体系实行垂直管理机制，在很大程度上是依靠行政干预进行农业科技推广，既不符合市场经济发展的客观规律，又违背农民从事农业生产愿望[16]，出现了推广主体和推广受体脱节的现象。农业科技推广在实践中不断完善和发展，出现了以农民需要出发，自下而上的新型推广方式[17,18]。

(二) 新阶段农业可持续发展的需要

现阶段，中国农业发生根本性转变。农产品供给由长期短缺转向总量基本平衡和结构性、地区性相对过剩；农业发展由追求产量最大化转向追求效益最大化；农业的增长方式由以传统投入为主向资本、技术密集型方向转化；农业的经营形式由单纯的原料型生产逐步转向生产、加工、销售一体化的产业化经营[19,20,21]。同时农村产业日趋多元化和经营方式日趋产业化。这都要求改革政府推广体系多年形成的以追求产量为主要目标，以农业技术为主要服务内容的农技推广运行机制，使其转向以质量为中心，以效益为目标，以产前、产中、产后全程服务为主要内容的新型农业科技推广运行机制[22]。经过20世纪后半叶经济的快速发展，资源匮乏和人口增加、消费剧增的矛盾日益突出[23]。生态破坏、环境恶化成为困扰人类和影响社会经济发展的障碍因素[24]。保护生态和环境，实现农业可持续发展已经成为21世纪人类共同关注的主题[25]。因此，改革现行农业科技推广体系是实现农业可持续发展的重要途径。

(三) 提高科技成果转化率和科技贡献率的需要

中国农业与世界农业发达国家的最大差距在于现代化水平的差距，集中体现在科学技术方面。主要表现为农业科技推广率低、转化成果的普及率低、资源利用率低和科技贡献率低。中国每年约有 6 000～7 000 项农业科技成果问世（不包括技术引进），其中不乏高新技术成果。但是，农业科技成果转化率仅为30%～40%，推广体系普及率仅为 30%左右，农业科技在农业增长中的贡献份额目前达到 43%左右，远远低于发达国科技成果转化率和贡献率均为 70%～80%的程度（以色列高达 95%）[26]。《全国农业和农村经济发展第十一个五年规划（2006—2010 年）》提出了"十一五"期间科技进步对农业增长的贡献率提高约 5 个百分点的目标。而建立农业科技推广创新体系能使科技成果与生产紧密结合，缩短科技成果推广路径，提高农业科技成果转化率，加快科技信息的集成和传播速度[27]。

（四）适应经济一体化和加入 WTO 后经济运行的需要

中国加入 WTO 后农业经济运行出现了市场化、国际化、一体化和管理企业化的特点，既给中国农业走上国际市场提供了良好的发展机遇，同时也对中国农业发展、农产品流通产生强大的冲击力。在农业走向市场化的过程中，面临一些诸如农产品卖难，结构性过剩，农民增收困难等新的矛盾和问题。中国农业将更积极、更广泛地参与国际分工，实现资源优势互补。同时，中国农业也要受世贸组织有关贸易规则的约束，农产品市场会遇到前所未有的国际竞争的压力，对出口创汇产生较大影响。进入21 世纪，一些发达国家和地区由于农产品生产成本的快速上升和资源的约束，农产品的比较优势下降，开始转向国际市场，到国外去组建生产基地，这给中国农业引进外资和技术无疑提供了机遇。随着全球经济一体化，农业行业的国际竞争也日趋激烈，通过关税和非关税等贸易保护措施保护农业的办法已越来越不受欢迎和行不通。如欧盟用门槛价、最低保护价和绿色通汇制保护农业就受到美国和其他国家的极力反对。为了适应经济全球化和加入 WTO 的要求，建立高效、灵活的农业科技推广创新体系，对发展优质高效农业和提高农产品的科技含量，以及增强农业参与国际竞争能力具有非常重要的作用（曹建良，2000[28]）。

（五）农业科技推广方法改进和建立多元化推广体系建设的需要

改变计划经济体制下"技术示范＋行政推动"推广方法是经济发展的必然要求。《农业科技发展纲要（2001—2010 年）》明确指出，积极稳妥地推进农业科技推广改革，大力调动科研、教育机构、社会经济组织、农民、企业等社会力量参与农业科技推广工作，建立推广队伍多元化、推广行为社会化、推广形式多样化的多元化推广体系是现阶段中国农业发展的必然要求。2006年，国家颁布了《国家中长期科学和技术发展规划纲要》（2006—2020 年），国家加大对农业技术推广的支持力度，将对农业科技推广实行分类指导，分类支持，鼓励和支持多种模式的、社会化的农业技术推广组织的发展，建立多元化的农业技术推广体系。"十一五"是中国全面落实科学发展观，把增强自主创新能力作为国家战略，加快经济增长方式转变，推进产业结构优化升级的关键时期，是实施《国家中长期科学和技术发展规划纲要》的开局阶段，积极进行科技推广方法改进和体系创新很有必要。

第二节 国内外研究动态

一、国外主要研究动态

国外农业科技推广研究已有 70 年左右的历史，已经形成了专门的研究机构和研究人员。其历史可以追溯到欧洲文艺复兴时期（丁振京，2001）[29]。1843 年北美首先开始利用巡回教师来促进农业发展。1853 年美国成立的农民研究所这是美国农业科技推广的先驱，并开始将农业推广作为一门学科来研究。19 世纪 40 年代"推广"一词在英国剑桥首次使用后来被英国和其他国家的教育机构所承认（聂闯等，1993[30]）。1954 年毕业于荷兰瓦荷宁根大学的 A. W. 范登班博士就在该校创建了推广教育系，并连任 19 年系主任，专门从事推广研究和学生培养。

研究农业科技推广的成果最早出现在美国，但是，早期的研究缺乏系统性和学术性。从 20 世纪 40 年代末到 60 年代初，对农业科技推广的研究不断深化，如：路密斯（C. Loomis）著有《农村社会制度与成人教育》；罗杰斯（Rogers Beth, 1963[31]）著有《创新的扩散》；劳达鲍格（N. Raudabaugh）著有《推广教学方法》[32]；1922 年美国马立士（M. C. Burrit）撰写了《县指导员与农民协会》一书（The County Agent and Farm Bureau）；1949 年凯尔塞与汉尔（Lincan David kelsoy and Cannon Chiles Heame）合著《合作农业推广工作》（Cooperative Extension Work）（Kelsey L. D. 1955[33]），同年布鲁奈（Ednund des Bnmner）和杨素宝合著了《美国农村与农业推广》（Rural America and the Extension Service）；孙达（H. C. Sanders, 1966[34]）著有《合作推广服务》等。这些著作注重了推广方法的研究和对推广机构的管理，并将教育理论引入科技推广之中，基本概念和方法上从经济、社会、技术和推广角度进行综合分析。20 世纪 70 年代以后，西方对农民采用技术行为分析以及推广活动的技术经济评价有了新的突破，加之信息技术的突飞猛进发展，给农业科技推广的研究注入了新的活力，农业科技推广问题的定性和定量研究与实证研究不断增强。代表性的著作有：Ben or D. Agricultural Extension, The T & V System, World Bank, 1984[35]；Axing G. H, et al Guide on Alterative Extension Approaches, Roma, FAO. 1988；Ban A. W. van den & Hawkins H. S. Agricultural Extension, Longman Scientific and Technical. 1988；Albrecht H, et al . Agricultural Extension, 1989[36] 等（Kelsey 等 1949[37]；W. M. Rivera 等 1991[38]；W. M. Rivera

等 2001[39]；R. N. Farqubr, 1962；FAO, 1997,[40]）。这些著作的发表，标志着世界农业科技推广的研究进入了一个新的发展时期，它们普遍注重从农业科技推广与农村发展的关系、行为科学、农业知识信息系统、农业生产经营咨询、农业科技推广项目的实施与评估等角度研究农业科技推广学的理论与实践问题，赋予农业科技推广更丰富的含义。研究方法上更加重视定量研究和实证研究相结合，研究活动和研究成果从过去以美国为主逐步转向以欧美为主。西方国家的农业推广不仅在理论研究上比较早，在农业推广体制构建方面也比较完善，已在不同推广建设理论的指导下形成了符合本国实际的推广体系（第五章将详细介绍）。

二、国内主要研究动态

中国没有专门的农业科技推广研究机构，从上世纪 30 年代才开始出现对农业科技推广理论与方法的研究，1933 年唐启宇著有《近百年来中国农业之进步》，1935 年章之汶、李醒愚著有《农业推广》一书，同年孙希复编写了《农业推广方法》，1947 年宋希庠编写了《中国历代劝农考》等书（吴聪贤，1983[41]；章之汶，1936[42]）。这些著作多是介绍欧美农业科技推广的理念与方法以及总结中国的历史经验，没有消化吸收成为指导中国实践的理论。

改革开放以后，中国的学者才开始借鉴国外的先进理论，研究中国农业科技推广的理论与实践问题（郭开源，1987；俞惠时，1988；许耀祖，1988；郝建平等 1990；马占元等 1990；孙振玉等 1993；王文玺等 1994；董存田等 1997 等）。张仲威、许无惧、陈建超（1988）在中国高等学校创建了农业推广专业，并组织全国 20 多所农业院校教师编写了《农业推广学》教材（许无惧，1989）。代表性著作还有汤锦如《农业推广学（1993、2001）》；《农业推广原理与技能》（王慧军等 1995）；《农业推广原理与实践》（郝建平，1997，1998）；《农业推广学》（任晋阳，

1998)。原北京农业大学农村发展研究中心的一批学者结合中国与德国的农村发展国际合作项目，翻译出版了《世界农业推广研究》王文玺等（1994）；李小云等（1993）《农村推广的理论与实践问题》；王德海等（1994）《推广学——农业发展中的信息系统》，高启杰等（1994）《农业推广基本概念与方法》（王文玺等1994；A. W. 范登班［荷］等1990；I. 阿农，1991[43]；奈尔斯．罗林［荷］，1991；H. 阿布里希特［德］，1994；高启杰，1994）。几乎与此同时，中国农技推广协会主办的《中国农技推广》杂志也相继有理论研究文章出现，并编辑了三集论文集先后出版（全国农业技术推广总站等1995）。

20 世纪 90 年代之后，中国农技推广协会成立了农业推广理论学术委员会，每年召开理论研讨会，并出版了一些论文集（祖康琪等，1990；许无惧等，1995），这个时期，几乎是一个百花齐放的时期，这些工作的开展，大大丰富了中国农业科技推广理论与实践的研究内容（湖南省农业技术推广总站，1990；吕茂田等，1990；郝建平等，1995；王慧军等，1994；谢建华，1997）。同时（1988—1991），中欧农业技术中心欧方主任约恩·德尔曼（Jorgen Delman）[44]在丹麦澳尔胡斯农业大学攻读博士期间，以中国的农业科技推广为课题，写出长达 20 万字的《中国农业科技推广——农业革新及变革的行政干预之研究》。书中借鉴了许多国内推广专家的研究成果，用大量数据、事实，精辟地分析和论述了中国农业科技推广的历史、现状，特别是重点研究了行政干预问题，对中国农业科技推广的未来提出了诚恳的建议。这部著作为外国学者研究中国农业科技推广经典之作（约恩·德尔曼，1993[45]）。但是没有出现专门研究推广体系的著作。

2000 年，陈奇榕、陈兆育、林梅等研究人员在《福建农业学报》发表了《建立新型的农业科技推广、中介服务体系的思考》，提出了建立全国及全省性的农业技术创新与推广协调领导小组或农科教结合协调领导小组，对农业技术创新与推广组织进行协调与领导，协调各部门针对农业技术创新与推广的资金投入等方法，对农业科技推广体系创新具有指导意义。

王东升、程中文在《新时期中国农业科技推广体系建设对策研究》[中国农业科技导报，2005年第7卷（1），P64]。一文中提出整合各种资源，建立现代农业科技服务体系的观点。即改组现有农业科技推广中心（站），将以经营活动为主的农业科技推广服务站（中心）改制为农业科技企业或农业科技中介组织，原农业科技推广站（中心）承担的行政职能归口到农业厅（局）相应职能部门，借鉴美国的农业技术推广的成功经验，建立以农业高校、科研院所为主体的现代农业科技发展中心的做法，从组织体系角度进行了探讨。

2005年，中国农业出版社再版了汤锦如主编的《农业推广学》，出版了卢敏主编的《农业推广学》，提出了农业科技推广体系改革的问题，为农业科技推广工作者提供了新的理论依据。2006年7月，中国农业出版社出版了苑鹏、国鲁来、齐莉梅等编著的《农业科技推广体系改革与创新》一书，从有效供给和有效需求角度系统分析了当前中国农业技术创新与推广体系的现状与问题，将公共和非公共组织的技术创新与推广同时纳入研究视角，并对日本的农业技术供给制度作了分析。同时，作者结合在中西部地区所作的深度案例分析，提出了在坚持公共农业技术创新与推广体制前提下，深化农业科技创新与推广体系改革的基本思路与政策建议，这是中国将农业科技推广体系作为专题研究的一部力作，但其内容侧重于推广模式的研究。

2006年6月7日，温家宝同志主持召开国务院常务会议，研究改革和加强基层农业技术推广体系建设问题。会议指出，为适应加快新阶段农业和农村经济发展、推进社会主义新农村建设的形势，要按照强化公益性职能、放活经营性服务的要求，加大改革力度，逐步建立起以国家农业技术推广机构为主导，农村合作经济组织为基础，农业科研、教育等单位和涉农企业广泛参与、分工协作、服务到位、充满活力的多元化基层农业技术推广体系（新华网，北京，2006 年 6 月 7 日电）。

三、国内外研究动态综述

综观世界各国农业科技推广的历史和现状，尽管各国的政治制度、经济水平、农业装备、技术条件以及农民的文化技术素质不同，但大多农业发达国家的农业推广体制近些年都有民营化、用户化、多元化及综合化的特点，且在农业推广建设中分别引入农业经济学、经营管理学、计划与规划学、市场学等经济科学和乡村社会学、心理学、组织学、教育学、传播学等行为科学，使农业推广步入良性循环轨道。

国外对农业科技推广的研究，起初是美国人研究和研究美国的成果，其后转向欧洲，由不系统到系统。据世界粮农组织（FAO）的资料显示，以政府农业部为基础的农业推广组织占80%以上，这说明绝大多数国家都是以政府为主导的官办机构作为农业推广组织的主要形式，即使美国、加拿大这样经济发达、资源丰富型的国家，其粮食等主要农产品生产大量过剩，也未放弃将政府办的农业推广组织作为主体，政府支持农户、农场主、农业技术推广机构、农业行业协会等采用农业新技术，这充分体现了这些国家对农业推广的重视程度。在运行机制上，国外大多数国家农业推广组织都与农业科研、教育密切相连，形成信息畅通、互通有无、通力合作的运行机制，有效地解决了农业推广、科研、教育三者的结合问题。西方国家的共同特点是注重农业服务效率（如互联网的应用）；注重农产品研发（如积极申请欧盟农业项目），注重农业科技发展规划的制订与落实；注重对农场主的支持；注重对公益性农业推广体系的保护和资金支持，这都值得我们借鉴和学习。

国内的研究起始于 20 世纪 30 年代，但由于外界形势的不断变化很长时间没有形成自己的研究体系。随着经济的发展，也有相当一部分有识之士认识到推广机构在技术转化中的重要作用，一时间对中国的农业推广体制，包括机构设置、组织形式、运行机制等也都有了一定的探索。20 世纪 80 年代后期农业推广的研究进入正常的研究轨道，大量的学者作了艰苦的引进、消化和创业等基础工作，出版了大量的著作和文章，研究处于百花齐放的时期，但良莠不齐，在思想中有重科研、轻推广的倾向。中国的农业推广研究还远远不够，尤其是基础理论部分，同发达国家相比还存在着差距。目前的研究没有完善、系统的改革思路，偏重于改革的政策建议、缺乏改革的措施，注重推广模式的研究、缺乏推广体系的创新。因此，农业推广学必须解决理论与实践相结合问题，既有由内向外看，又有由外向内看，在纵横两个坐标上进行发展比较，才能找到从实践中来，再到实践中去的结论。随着中国市场经济体制的逐步完善，如何使农业推广体系充分有效地发挥科技转化的桥梁作用，还有待于做出更深层次、更系统的研究。

第三节　本书研究范围

一、农业推广学的学科性质

农业科技推广是一项面对"三农"、解决"三农"问题的有针对性的社会活动。如果离开了当时、当地的自然条件、经济情况和社会状况，这门科学就失去了立足的基础，因此，它是一门实践的科学。并且，由于中国地区间社会、经济、文化发展不平衡，严重的城乡二元经济结构，使得中国的不同区域、不同条件的农业科技活动很难用一种模式，也很难比较孰优孰劣。所以，农业科技推广学还是一门发展中的科学，基本的定义、概念、原理、方法、技能在新的发展时期很难有一个准确、完整的答案。把农业科技推广学定位于发展的科学和实践论，不仅会澄清理论上的疑惑，还会明确推广学的发展方向，即要将农业科技推广学这门学科从书本中解放出来，紧密结合中国农村的改革实践，农村小康建设的实践，农业现代化建设的实践，从中吸取丰富的营养，借鉴国际上发达国家的理论与实践，古为今用，洋为中用，与时俱进地总结出农业科技推广活动的基本规律、基本方法，创造性地指导中国的农业科技推广实践，并在实践中不断总结和创新，才是中国农业科技推广学理论建设的正确方向。

二、农业推广学科的研究内容

由农业科技推广系统理论可知，农业科技推广是农业发展系统中的科研（科技主体）、推广（科技载体）、农民（科技受体）三个亚系统之一。在中国农业科研、教育、推广部门分设的情况下，农业科技推广学研究应该重点研究的问题包括：

（一）研究农业科技推广如何与农业科研有效联结问题

科学技术在未被转化和应用之前，充其量只不过是潜在的生产力。由于中国现行的农业科研系统要求的工作目标为学术水平的提高，研究成果与应用还有一定距离。多数成果变成论文、证书、著作或展品，没有产生社会、经济或生态效益。在这一阶段农业科技推广研究主要是如何转化农业科技成果问题，需要推广人员进行成果的中间试验、适应性试验、放大性试验，以探索出成果能达到涉农企业、农业中介组织、农业专业协会和新型农民使用程度的必要条件。同时，还需要考虑这一创新成果与其他创新成果以及农民习惯使用技术的配套问题。因此，也有人称（马占元，1994）农业科技推广活动是农业科研活动的延续，这是由中国现阶段的国情所决定的，中国的农业科技推广必须考虑农业科技成果的转化问题。

（二）目标系统群体农民的问题

农业科技推广是要做农民的工作，需要研究农民的社会心理、农民的行为变化规律、农民的需要层次、农民所处的自然、社会、经济、历史、文化背景环境、某时某地农业、农村发展目标等，这些都直接影响农民对科技成果的采纳。尤其是中国农业、农村问题的特殊性，更加剧了中国农村走向现代化的难度，这一点无论如何不能被农业科技推广人员忽视。据统计，当前我国农村中农民平均受教育年限不足 7 年，4.8 亿农村劳动力中，小学文化程度和文盲、半文盲占 40.31%，初中文化程度占 48.07%，高中以上文化程度仅占 11.62%，大专以上只有 0.5%，导致目前中国文盲绝对指数仍高达 8 570 万，其中 90% 的文盲分布在农村，而农村所拥有的农民科技人员仅占农村劳动力总数的 0.64 %①。这一客观现实，给农业科技推广人员提出了教育培训的艰巨任务，因此，必须列入农业科技推广学科的重要研究内容。

（三）研究农业科技推广亚系统与农民目标群体系统的联结与交往问题

农业科技推广活动说到底是人际交往活动，是农业科技推广人员以信息和科技为纽带与农民的一种业缘式的人际关系。系统的联结有干预问题，有沟通问题，如何实现有效的干预与沟通，就构成农业科技推广的关键问题，一切方式、方法、技能、技巧都是以其为出发点的。内源发展、农民行为改变、自觉采纳新成果的行为都是在此基础上。围绕科技创新采用的资金、土地、劳动力的投入等问题也要以此为依据，它既是理论的起点，也可称之为理论的归宿。

概括起来农业科技推广学的研究内容如箭头所示：

推什么 → 为什么推 →
（新成果、新技术、新知识、新信息） （必要性和重要性）

怎么推 → 推给谁
（方式、方法、技能、技巧） （农民—研究农民的需求）

谁来推 → 推后效果
（推广组织和人员） （经济、社会、生态效益—推广效果评价）

----

① 数据来源：2002 年 3 月 4 日《今日早报》。

三、本书研究范围的界定

（一）研究科技载体亚系统及其关系

农业科技推广是一项综合性的系统工程，通过推广将农业科研、农业教育和农业生产三者有效地联系起来（见图 1-1）。本书试图优化现存的政府主导型推广体系，加强农业教育机构、涉农企业、农业专业技术协会和新型农民之间的信息交流和沟通，通过体系创新和平台建设，提高科技成果的转化效率。

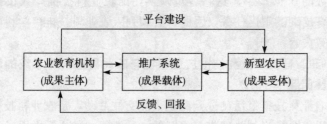

图 1-1　农业科技推广系统

Fig 1-1　Agricultural Sci - Tech Extension System

（二）科技成果受体主要是新型农民

当前农村劳动力大致可分为三类：传统农民、新型农民和农民工。新型农民技术需求较旺盛；传统农民技术需求不旺盛，对新技术总是持观望态度，等到新型农民应用后再使用；农民工基本不需要农业技术。这三种农民在西北地区的比例大致是 5∶2∶3。可见农业技术需求的重点是新型农民。本书农业科技推广的对象是指涉农企业、农业专业协会和新型农民。

（三）内涵界定为有中国特色的现代农业科技推广

在农业科技系统中，农业科技推广处在农业科研、农业教育及农业生产等子系统的边缘地带，是专司生产力形态转化这一特定功能的子系统，其功能表现为科技成果转化。随着农业科技推广学的研究和发展，我们应该将农业科技推广放到发展农业经济的战略高度来重新认识。随着中国社会主义市场经济体制的建立，"科教兴国"战略的实施，经济全球化的到来以及加入WTO的变化，客观形势对中国农业科技推广理论与方法提出新的挑战。中国原有的农业科技推广体系要不断创新，农业技术推广的概念也势必拓宽。同时，新的农业科技革命的兴起，给中国农业科技推广方式与方法变革又带来机遇。结合中国国情并借鉴国外农业科技推广发展的经验，我们既不能停留在技术推广这种农业科技推广的初级阶段，也不能完全照搬国外的农业科技推广模式，惟一出路就是要探索出具有中国特色的、符合中国国情的农业科技推广模式。在今后相当长的一段时期内，比较适合中国国情的农业科技推广内涵应该是：应用自然科学和社会科学原理，采取教育、咨询、开发、服务等干预形式，采用示范、培训、技术指导等方法，将农业新成果，新技术、新知识及新信息扩散、普及、应用到农村、农业、农民中去，从而促进农业和农村可持续发展的一种活动。它集科技、教育、管理及生产活动于一身，具有系统性、综合性及社会性的特点。农业科技推广的根本任务是通过扩散、沟通、教育、干预等方法，使中国的农业和农村发展走上依靠科技进步和提高劳动者素质的轨道，根本目标是发展农业生产、繁荣农村经济和改善农民生活。

（四）包括软科学研究成果推广

软科学是自然科学、社会科学、工程技术交叉和综合的科学。软科学研究为人们解决各类复杂社会问题提出可供选择的各种途径、方案、措施和对策，为各级管理决策部门和社会发展提供咨询服务。它是以解决中国社会主义现代化建设的决策、组织和管理问题，促进经济、科技、社会的协调发展为目标，以辅助各级领导和有关部门、单位决策为根本目的而进行的综合性研究活动。研究的范围主要包括：经济、科技、社会发展战略研究，规划、政策、管理、体制改革、科技法制研究，技术经济分析、重大项目可行性论证，以及软科学的基本理论和方法研究等热点、难点问题，例如人口膨胀问题、资源短缺问题、环境退化问题、贫困问题等。

第四节　研究思路与方法

一、研究思路

随着中国经济体制改革不断深化，中国已经完成了计划经济向市场经济体制的过渡，家庭联产承包责任制后农民分户生产、分散经营成为目前中国农业生产的显著特点。原来科技面对农村社、队的集体组织，现在转变为科技面对分散的、组织化程度较差的一家一户的农民。中国现行的农业科技推广体系是按计划经济的要求设计和运行的，其机制缺乏活力，机关作风过于浓厚，科研、教学、推广相互脱节，在市场化进程中不可避免地出现种种弊端，出现了"网破、线断、人散"的现象，已经不能适应农村产业发展、农民致富对科技的需求。现行农业科技推广体系下的推广体制、推广方式、对推广人员的激励机制等成了农业科技成果转化率和贡献率低下的主要限制因素。对新的农业科技推广体系的探索，正适应了国家的这种需求。当前，产业发展对科技的需要越来越突出，农民对科技的需求越来越迫切，生产发展成为建设社会主义新农村的首要任务，科技成为农民增收的决定性因素。

正是基于这一现实，论文从世界农业科技和农业经济发展的趋势出发，分析了现阶段中国农业经济发展对农业科技推广供给和需求状况，在阐述农业科技推广基本概念、基本原理的基础上，对中国现有的农业科技推广体系的特点和存在的主要问题进行了分析评价；并借鉴美国、日本农业科技推广体系建设和中国科技推广不同主体的成功经验，以及世界农业科技推广体系发展趋势与特征，提出在农业发展新阶段，充分发挥农业高校、科研院所科技资源和人才优势，鼓励涉农企业和各类协会积极参与，建立一个适应社会主义市场经济体制，以国家农业科技创新与推广体系为主导，农业高校、科研院所、涉农企业、农业专业技术协会等为供给主体，农业生产与推广、教育紧密结合，上下连贯、主体协同、功能齐全、运行有序、结构开放的多元化农业科技推广体系。农业科技推广工作是一项社会公益性事业，创新体系是对中国政府农业推广体系的更新和完善，是一场新的农业科技革命。该体系的建立，为全国农业科技推广体系的改革提供了新的思路，为促进中国农业科技成果的转化奠定了基础。

二、研究方法

论文以市场经济理论为指导，运用农业经济学、农业现代管理学、计划与规划学、心理学、行为学、组织学、传播学等原理和科学发展观等理论，特别是运用新制度经济学制度变迁、推广主体之间的博弈和典型案例分析的方法，借鉴美国、日本等发达国家农业科技推广体系的成功经验，结合中国农业科技推广体系的特点，采用综合分析和对比分析相结合，感性认识和理性认识相结合，理论研究和实证研究相结合，剖析问题与提出对策相结合的方法，针对农业教育机构、农业科研机构和农业推广机构的培训科技、人才、信息优势，构建了多元化的创新体系，介绍了中国农科院机构改革、西北农林科技大学葡萄酒学院校企联合办学实践、部分基层农业科技推广体系改革成功经验，对创新体系的合理性、实践性和运行机制作了进一步论证。

第二章 农业科技推广的基础理论

第一节 与农业科技推广体系有关的基本概念

农业科技推广体系是指农业科技推广的各级组织形式和运行方式以及它们之间的相互联系。中国现行的农业科技推广体系可分为政府主导型体系、民营推广组织和私人推广组织三种类型。推广体系隶属政府农业部门的直接领导,农业部下属的推广局和推广站(中心)负责组织、管理和实施全国的农业科技推广工作。中国农业科技推广体系属于政府主导型农业科技推广体系,即以政府农业部门为基础的农业科技推广体系。为了进一步阐述农业科技推广创新体系,现介绍几个与之相关的基本概念,在后面的章节之中不再解释。

一、现代农业科技推广

当代西方发达国家,农业已实现了现代化、企业化和商品化,农民文化素质和科技知识水平已有极大提高,农产品产量大幅度增加,面临的主要问题是如何在生产过剩的条件下提高农产品的质量和农业经营的效益。因此,农民在激烈的生产经营竞争中,不再满足于生产和经营知识的一般指导,更重要的是需要提供科技、市场、金融等方面的信息和咨询服务。为描述此种农业科技推广的特征,学者们又提出了"现代农业科技推广"的概念。联合国粮农组织出版的《农业科技推广》(1984 年第二版)

写道："推广工作是一个把有用信息传递给人们（传播过程），然后帮助这些人获得必要的知识、技能和正确的观点，以便有效地利用这些信息或技术（教育过程）的一种过程"（联合国粮农组织，《推广方式备选指南》，1990）。与此解释类似的有 A.W. 范登班和 H.S. 霍金斯所著的《农业科技推广》（1988），他们认为："推广是一种有意识的社会影响形式。通过有意识的信息交流来帮助人们形成正确的观念和做出最佳决策"（A.W. 范登班［荷］，H.S. 霍金斯［澳］，1990[46]）。

农业推广有狭义、广义农技推广和现代农业科技推广之分。狭义科技推广是一个国家处于传统农业发展阶段，农业商品生产不发达，农业技术水平是制约农业生产的主要因素的情况下的产物。在此种情况下，农业科技推广首要解决的是技术问题，因此，势必形成以技术指导为主的"技术推广"。广义农业科技推广则是一个国家由传统农业向现代农业过渡时期，农业商品生产比较发达，农业技术已不是农业生产的主要限制因素下的产物。在此种情况下，农业科技推广所要解决的问题除了技术以外，还有许多非技术问题，由此便产生了以"教育"为主要手段的"农业科技推广"。而"现代农业科技推广"是在一个国家实现农业现代化以后，农业商品生产高度发达，往往是非技术因素（如市场供求等）成为农业生产和经营的限制因素，而技术因素则退于次要地位情况下的产物。在这种情况下，必然出现能够提供满足农民需要的各种信息和以咨询为主要手段的"现代农业科技推广"。可以这样说，狭义农业科技推广以"技术指导"为主要特征，广义农业科技推广以"教育"为主要特征，而现代农业科技推广则以"咨询"为主要特征。

二、农业科技成果

根据农业部《农业科技成果鉴定办法（试行）》的规定，农业科技成果被定义为："在农业各个领域内通过调查、研究、试验、推广应用所提出的能够推动农业科学技术进步，具有明显的经济效益、社会效益并通过鉴定或被市场机制所证明的物质、方法或方案"。这一概念包括三方面的内涵：①农业科技成果必须是通过科学研究活动取得；②创新是科学研究的灵魂；③必须具有一定的学术意义或使用价值，具有经济效益和社会效益[47]。

三、农业科技成果转化

（一）概念

是指把潜在的、知识形态的生产力转化现实的、物质形态的生产力，并通过农业生产经营环节加以实际应用。农业科技成果转化亦有广义和狭义之分。从广义上讲，是指农业科技成果由科技部门向农业生产经营领域扩散的过程，包括基础研究成果向应用基础研究、开发研究成果的转化；应用基础研究、开发研究的成果向生产经营可用的信息性成果和实物性成果的转化，直到农业科技成果在农业生产经营中加以推广、应用，形成生产能力，并获得直接和间接的经济效益。简而言之，就是理论成果向技术成果的转化和技术成果向现实生产力的转化。狭义来说，一般是指应用研究的成果，从开发研究、中间试验开始，经过应用、推广形成生产能力，发挥效益的过程。

（二）特点

1. **转化时间的长周期性** 农业科技成果由潜在的生产力转化为现实生产力的过程是一个漫长的过程，包含了多个阶段，即农业科技项目的提出、选择与确定；研究与实验；中试；成果鉴定；成果的推广与应用。国内外的实践证明，从一个农业科技创新思想的产生到科技成果的取得，再到农业生产实际中的推广应用，需要几年甚至更长的时间。

2. **转化过程的复杂性** 农业科技成果转化涉及的要素和环节较多，它既受自然环境的制约，又受社会条件的制约。一项成果的转化需要多方面的支持和多种技术的配合以及多方面人员的参与，并需经过多重的不断修正和完善才能实现。

3. 转化条件的选择性 由于研制出来的农业科技成果大都是在实验室或实验田中取得的，而实验研究成功，甚至小区实验的成功并不意味着大面积、大范围推广的成功，每项农业科技成果应用于生产的过程是非常复杂的，况且农业生产受自然环境、资源条件、人为因素的影响很大，因此农业科技成果转化有其选择性。

4. 转化动力的市场性 在市场经济条件下农业科技成果的转化动力来自市场，一项农业科技成果能否转化为现实生产力，主要看其有无经济价值，给使用者能够带来多大的效用。如果生产出的产品或服务有市场、利润大，则成果很快被转化，否则就不转化或是转化慢。

（三）农业科技成果转化和推广的异同

二者概念、内涵既有相似之处，又有所区别。相当多的文献混淆了两者的内涵，其实两者是有明显的区别的（见表 2-1）。

表 2-1 农业科技成果转化与农业科技推广的比较

Table 2-1 Compare of Agriculture Sci-Tech Extension and Production Conversion

类别	内容	主体	对象	渠道	方式	环境
农业科技成果推广	部分农业科技成果、实用技术等	推广机构推广人员	农民	推广系统及其他农村服务机构	个体指导、集体指导、大众传播	与推广相关的政策法规、自然资源禀赋、文化传统、农民素质、相关的农业基础服务设施
农业科技成果转化	农业科技成果	科技机构科技人员	政府、企业、农民	推广系统技术市场科研会议科研生产联合体科研论文等	推广、技术贸易、科研生产	与推广体系相关的政策法规、科技成果的消化和吸收能力、推广体系的运转率企业的创新应用能力

（资料来源：农业部科技发展中心开发处饶智宏提供，参见《农业科技管理》2004 年增刊，P41~47）

四、新型农民科技培训

是指按照当地主导产业建立和发展的要求，以新型农民为重点对象开展的产前、产中、产后的生产技术，经营管理、政策法规、生态安全等知识为内容的再教育活动。培训形式采取集中培训、现场指导和技术服务相结合，培训、指导、服务三位一体的形式。其中，集中培训在当地集中场所组织农民参加，专家现场授课；现场指导由培训教师在田间地头对农民进行面对面、手把手的技术指导。各地农业主管部门负责编写或选用适合农民技能培训、经营管理、政策法规等方面的教材（讲义），确保受训农民人手一册，农民培训教材（讲义）需通俗易懂、实用。一般保证每年对示范地开展集中培训的时间不得少于 20 天，现场指导不得少于 10 次/季。对经考核达到绿色证书岗位规范要求的发放绿色证书。培训的目的是为了提高农民从事主导产业的生产水平和经营管理能力①。

五、农业专业技术协会

是指为适应农村经济商品化、市场化和专业化生产的需要，在科技示范户、专业大户的带领下，同一专业生产的农户自发地组织起来，成立的专业技术经济合作组织，这类组织统称为农村专业技术协会（研究会）（简称农技协）。农技协按作用和功能不同分为三种类型。一是技术交流型。主要是对会员普及实用技术，开展技术培训，进行技术指导和服务，这种类型的协会约占 53%。二是技术经济服务型。在技术交流的基础上，还为会员提供包括优良品种、生产资料、市场信息、运销服务等在内的产前、产中、产后服务项目，这种类型的协会约占 38%。三是拥有技术、经济和经营实体的。农村专业技术协会是广大农民继中

---

① 根据农业部办公厅文件（农办科〔2006〕26 号）内容总结。

国农村实行家庭联产承包责任制和发展乡镇企业之后又一伟大创举。多年来的实践证明，农村专业技术协会在家庭联产承包经营的基础上，①把千家万户的小生产与千变万化的大市场连接起来，提高了农民的组织化程度；②把单一农户的分散经营与产前、产中、产后的统一服务结合起来，提高了农村的社会化服务水平；③把传统的农业方式与现代的科学技术结合起来，加速了农业的科技进步；④把专业化生产和产业化经营结合起来，实现了产加销一体化，推动了农业向商品化、专业化、现代化的发展。

六、产学研结合办学思路

是指农业教育机构科研、教育、生产不同社会分工在功能与资源优势上的协同与集成化的一个过程。是科学技术创新的上、中、下游的对接与耦合，它趋同于社会生产力发展和科技创新观规律，是优化企业科技行为和实现高校科技成果产业化的有效途径和实现形式。产学研结合是一个系统工程，是高等教育功能发展和演讲过程中的辨证统一体。从科研角度看，科研是"源"，教学与产业是两个"流"；从教学的角度看，教学是教育机构的基础与根本，为科研和产业培养出新型人才；从产业的角度看，企业是科研与教学的出发点与归宿。坚持产学研结合，有利于科技、教育和经济结合，有利于国民经济建设，也有利于提高教学、科研水平以及培养创造性人才。

农业教育机构产学研结合具有广义和狭义两个层次。从广义上来讲，教育机构直接服务全社会，人才、技术和成果等优势资源直接传播、转移和服务于"三农"问题的所有层次，具有广泛性和普遍性。从狭义上来讲，教育机构是教育科研的结合体，具有人才培养、成果推广和产业示范的传统优势，加上产业平台，构成了一个完整的结合体。

七、软科学研究成果

(一) 概念

软科学研究是以实现决策科学化、民主化和管理现代化为宗旨，以推动经济、科技、社会的持续协调发展为目标，针对决策和管理实践中提出的复杂性、系统性课题，综合运用自然科学、社会科学和工程技术的多门类多学科知识，运用定性和定量相结合的系统分析和论证手段而进行的一种跨学科、多层次的科研活动。有学者从功能角度认为为管理和决策服务的科学技术就是软科学技术，是"一个看不见的头"，又将其定义为：从事帮助人们更直接、有效、全面和系统地使用飞速发展的各类科学技术知识进行科学管理和科学决策的科学研究。

(二) 特点[48]

1. 滞后性 许多软科学的研究成果一旦被应用后所产生的效益远远大于硬科学，但其推广应用需要一个过程，短期内很难见到效果。例如，英国牛津大学教授麦克斯韦（Maxwell，1831—1879）的电磁学理论，该理论应用后所产生的效益是伦敦和纽约股票市场 40 年的交易总额，但因当时缺乏相应的推广机制和其他因素影响，致使这一成果应用滞后了近半个世纪。软科学推广滞后的时间甚至会更长。

2. 应用性 如果说硬科学的研究注重基础研究的话，软科学技术则更偏重应用研究，重在实践，能解决现实问题。

3. 模糊性 一是指它的研究成果很难用实物展示，而是一些看不见、摸不着的观点、制度、方案等，不像手机、克隆羊、转基因棉花等产品；二是指它综合各种自然科学技术，而且使社会人文与自然两大类科学相结合，具有综合性的特点，如北京大学马寅初教授人口增长与控制理论，就包含了数学、几何学、经济学、管理学等许多思想；三是指它的推广效益无法准确衡量，如马克思的科学社会主义理论不仅仅是产生效益，而是改变了大半个地球人们的意识形态和国家制度。

4. **公益性**　软科学研究成果往往没有直接的经济效益或短期内研究和推广人员得不到经济效益，具有免费服务的特点。古人说："天有其时，地有其财，人有其治，夫之谓能参"（《荀子·天论》）。这里的"参"就是指软科学研究成果，"参"什么？就是为人们解决各类复杂社会问题提出可供选择的途径、方案、措施和对策，为各级管理决策部门和社会发展提供咨询服务。

第二节　制度创新的基本原理

一、制度转型

所谓制度转型，即"从一种国家或政体被转变或转变为另一种国家和政体"。从新制度经济学的制度转型理论看来，社会主义"是一种主要由国家机构持有生产资料产权的经济制度系统。如何使用和分配这些产权（包括劳力）要由中央、省或地方的政府机构来决定。为了便于实施自上而下的控制，不得不用外在设计的、主要是指令性的制度来取代市民社会中的许多内在制度，从而中央计划代替市场的自发调节"。在这样的社会经济制度下，由于"竞争性市场的信息机制、缔约自由和私人产权的激励机制"被废除，从而导致社会主义经济"遭受巨大的动态效率损失"，"资本存量下降，经济绩效恶化"。面对日益严重的经济问题，社会主义国家先后开始了市场取向的经济体制改革。经济体制改革的进展表明，大多数的社会主义国家开始了向资本主义国家的制度转型。更为严格地说，从经济制度的角度看，制度转型"是指这样一种制度变革，即从以生产资源集体所有制和党政机关控制生产资源的运用为主转变为以私人所有制以及按个人和私人团体的分散决策运用生产资源为主"。新制度经济学指出，没有集体行动，社会主义经济制度转型的上述目标就无法实现。"政府的权力必须靠政府的权力来消除"。换句话说，在新制度经济学看来，社会主义国家制度转型的顺利实现，离不开政府的作用，同时，"新体制站稳脚跟并产生更卓越结果的速度取决于制度变革的明确性、连贯性和速度"①。社会主义国家经济体制改革的过程，从实质上说就是一个制度转型的过程，即以适应市场经济的制度安排取代适应计划经济的制度安排的过程。这里借鉴新制度经济学的制度转型原理，有助于更好地认识中国经济体制改革中的制度转型问题和政府的作用。

二、诱致性创新原理

诱致性创新原理将技术创新和制度创新作为经济增长的内生变量，对技术创新和制度创新本身的变动及其相互关系以及不同的技术与制度对经济发展的影响进行系统研究，20 世纪 60 年代以来成为现代经济学的一个主题。

按照舒尔茨的理论，只有通过技术变革，提供新技术、新品种、新动力等，才会有可能实现农业部门的增长。因此，新的有利的技术供给是使传统农业向现代农业转变的一个必备条件。舒尔茨还进一步分析了新增生产要素的生产问题和农民作为需求者的有效需求问题。认为必须使大部分基础研究和部分应用或开发研究"社会化"。如果基础研究完全依靠营利的私人企业，那么对这种研究的投资必然会很少。而作为需求者的农民，对新技术的接受速度主要取决于有利性，并且只有当经济发展到一定阶段，农民将会花费时间和金钱去寻求新农业要素。向提供新投入的农业研究以及利用新投入的农民投资，将为农业的技术变革和生产率增加提供基础（舒尔兹，1987，中文版）。

速水佑次郎和拉坦进一步发展了舒尔茨的理论，建立了诱致性创新原理（速水佑次郎，拉坦，2000；速水佑次郎，2002，中文版），诱致性创新理论由诱致性技术创新与诱致性制度创新相

---

① 柯武刚，史漫飞．制度经济学 [M]．北京：商务印书馆，2000

结合的理论。它反映了资源禀赋、文化禀赋、技术与制度的一般均衡关系。技术创新是诱致性创新的核心，在经济子系统中，资源禀赋的变化会诱发技术变迁，当一种要素（如资本）的禀赋相对另一种要素（如劳动力）变得更为丰富时，特定的相对要素价格会诱导出使用更多资本和节省劳动力的技术变迁，这种诱致性的技术创新源于追求利润的企业家用相对更丰富从而更便宜的资源替代更稀缺、从而更昂贵的资源来降低生产成本的努力。然而，在从生存经济向市场经济转型中，该模型需要做出重大修改。技术创新理论和制度创新理论需要结合在一起。因为不管一项技术创新能预期产生多高的利润，也不管生产者多么理性，它都不能独自地进行技术创新，它需要产权制度的支持，同时需要公共支持的农业研究和推广体系，因为确立和保护生物技术发明的专利通常是困难的，很难从私人部门动员足够的投资来改良作物品种和耕种方法。由于这一原因，发达的工业化国家花费了大量的钱财来建立公共支持的农业研究和推广体系[49]。

三、诱致性制度变迁与强制性制度变迁

新制度经济学认为转轨实际是一系列制度变迁现象，制度变迁是一个从制度均衡到不均衡，再到均衡的不断演变的历史过程，各种制度的交错变迁构成了一定时期的历史延绵。拉坦还将制度变迁或制度创新概括为三方面：特定组织行为的改变；组织与环境间相互关系的变化；组织环境中支配行为的规则的改变。通过引入新古典思路，新制度经济学认为制度创新、制度变迁可以纳入成本收益分析框架。制度创新的起因是把在现行安排下不能得到的外部利益通过改变现有安排而实现内在化，并且，在这一过程中，创新的预期收益大于创新的成本，这构成制度创新发生的条件。创新的成本包括组建、维持用来推动制度创新的组织的费用，实施及巩固制度创新成果的费用等。

制度变迁有诱致性制度变迁和强制性制度变迁两种类型。诱

致性制度变迁指的是现行制度安排的变更或替代，或者是新制度安排的创造，它由个人或一群人，在响应获利机会时自发倡导、组织和实行。与此相反，强制性制度变迁由政府命令和法律引入和实行。诱致性制度变迁必须由某种在原有制度安排下无法得到的获利机会引起。由于非正式安排是指意识形态、道德等等的约束，其变迁是单个人自发进行的，虽会产生较少的外部性，如道德观的适时更新能减少社会震荡，对别人有利，但非正式安排创新不会发生"搭便车"问题，因为它只是个体行为，不存在集体行动。因此，非正式安排创新不需要国家干预，况且政府也不可能对非正式安排实施创新，诱致性变迁才是非正式制度创新赖以进行的形式。正式制度创新由政府、国家来实施即属于强制性制度变迁，强制性制度创新可以克服正式制度在诱致性制度创新（它由个人或一群人在响应获利机会时自发倡导、组织和实行）中，因外部性和"搭便车"问题而产生的制度供给不足。但是，国家在对正式制度实施变迁时，也涉及创新的成本收益对比，这时，领导人的偏好和有限理性、政治统治基础情况对制度变迁的方向和方式会有很大影响，它们将以效用形式极大地增加或减少变迁的收益，也在一定程度上决定变迁是以渐进还是以激进式进行。

诱致性制度变迁与强制性制度变迁是相互补充的。这种相互补充有两方面的含义，一是当诱致性制度变迁满足不了社会对制度的需求的时候，由国家实施的强制性制度变迁就可以弥补制度供给不足；另一层含义是，制度作为一种"公共品"也并不是无差异的，即制度是有层次性、差异性及其特殊性的，有些制度供给及其变迁只能由国家来实施，如法律秩序等，即使这些制度变迁有巨额的外在利润，任何自发性团体也无法改变。而另外一些制度及其变迁，由于适用范围是特定的，它就只能由相关的团体（或群体）来完成。后一类的相互补充并不是由成本——收益比较原则决定的，而是由制度的差异性（类似于新古典经济学关于产品差异性的分析）决定的[50]。

目前中国制度变迁方式主要是一种强制性制度变迁。这种变迁方式存在一系列问题：①中国是一个幅员辽阔的大国，自上而下的强制性制度变迁很难适用于所有地方、所有领域，对北方适用的制度变迁不一定适用于南方。这是中国"上有政策，下有对策"现象产生的原因之一。②中国不少制度变迁（如利改税等）采用了"先试点后推广"的模式以减少强制性制度变迁的成本。③以强制性制度变迁为主的制度变迁模式往往容易抑制诱致性制度变迁的产生，诱致性制度变迁是制度变迁的基本方式，它具有经济性、自发性、博弈性等特征。

四、路径依赖与农业科技推广体制改革

科斯、诺斯等人创立的制度变迁与创新理论，对中国的制度变革与创新具有重要的借鉴意义。诺斯把前人关于技术演变过程中的自我强化现象的轨迹依赖问题，推广到制度变迁方面来，从而提出了制度变迁中的轨迹和路径依赖问题。

W. Brian Arthur 是最早关于技术演变过程中的自我强化机制和路径依赖性质的开创性研究者。他指出，新技术的采用往往具有报酬递增的性质，由于某种原因，首先发展起来的技术通常可以凭借先占的优势，通过自我强化机制，利用规模效应、学习效应、协调效应、适应性预期，实现自我增强的良性循环，从而在竞争中胜过自己的竞争对手。相反，一种比其更优良的技术，由于晚入一步，没能获得足够的追随者，而陷入恶性循环，甚至被锁定在某种被动状态之下，难以自拔。总之，细小的事件和偶然的情况，常常会把技术发展引入特定的路径，而不同的路径最终会导致完全不同的结果。

诺斯把前人关于技术演变过程中自我强化机制和路径依赖性质的论证，推广到制度变迁方面来，提出，在制度变迁方面同样存在着报酬递增和自我强化机制。这种机制使制度变迁一旦走上

了某一条路径，它的既定方向会在以后的发展中得到自我强化，沿着既定的路径、经济和政治制度的变迁，可能进入良性循环的轨道，迅速优化；也可能顺着原来的错误路线往下滑，甚至被锁定在某种无效率的状态之下，若要改变往往要借助外部效应，引入外生变量或依靠政权的变化。路径依赖类似于物理学中的"惯性"，一旦进入某一路径，无论是好是坏，都可能对这种路径产生依赖，有两种极端的情形，即路径依赖Ⅰ和路径依赖Ⅱ。诺斯路径依赖Ⅰ：一旦一种独特的发展轨迹建立以后，一系列的外在性、组织学习过程、主观模型都会加强这一轨迹，一种具有适应性的有效制度演变轨迹将允许组织在环境不确定性时，选择最大化的目标，允许组织进行各种试验、建立有效的反馈机制，去识别和消除相对无效的选择，并保护组织的产权，从而引致长期经济的增长。诺斯路径依赖Ⅱ：一旦在起始阶段带来报酬递增的制度，在市场不完全、组织无效的情况下，阻碍了生产活动的发展，并会产生一些与现有制度共存共荣的组织和利益集团，那么这些组织和利益集团就不会进一步投资，而只会加强现有制度，由此产生维持现有制度的政治组织，从而使这种无效的制度变迁的轨迹持续下去[51]。

五、路径依赖与中国农业科技推广运行机制变迁

路径依赖是制度创新的一个内在特征，对农业科技推广制度创新也同样发挥着作用，它决定并影响着推广制度变迁的轨迹，目前中国推广工作中出现的一些问题，是与路径依赖有关系的，分析和解决这些问题，必须从解决路径依赖出发，寻找其产生的根源及解决的办法。长期以来，中国的农业科技推广体制是政府驱动型，农业科技成果由政府投资的农业科研部门进行研制，推广部门进行推广，技术选择的主体是政府，而不是农民，国家通过行政命令，自上而下，强制性地发动和组织农业基层单位实施完成。这种推广体制，是在长期的计划经济体制下逐渐形成的，

在改革开放初期，农民的收入水平不高，且主要来自农业，由于家庭联产承包责任制的实施，农民利用科技的积极性空前高涨，这种体制对农业发展确实起到了极大的促进作用。但随着市场经济的发展，农业的比较利益在逐渐下降，农户作为相对独立的微观主体，有权决定资源使用方向，追求收入效益最大化，因此，农业科技推广的效率降低。虽然国家出台了许多改革措施，但效果仍不够理想，农业科技推广体制实难适应市场经济的要求。究其原因，路径依赖对制度变迁的轨迹具有决定性的影响和意义。从宏观环境来看，计划经济及其惯性，强化和刺激着原有的制度，使变迁轨迹对原有的计划体制有着较强的路径依赖性，因为在制度变迁中，沿着原有的路径和既定的方向前进，总比另辟蹊径要方便得多，这就在一定上程度阻碍着农业科技推广的制度创新。从农业科技推广部门本身来看，对传统的国家计划方式具有路径依赖性，习惯了国家定计划、拨经费进行推广的方式，转换和替代这种制度，就意味着利益关系的重新调整和分配，必然会遇到各方面的阻力，既得利益集团为了维护自己的利益，力图巩固现有的制度，即使新的推广制度更有效率，也很难继续下去[51]。

第三节　农业科技推广体系的基本理论

一、农业科技成果供求理论

农业科技成果转化过程可分为人的活动和物的运动两方面。前者以人（或支配人的行为的各种组织）为中心，通过活劳动投入的数量、质量、比例结构等的调控，操纵科技成果向现实生产力转化的规模、速度、方向及其效果，使整个转化过程在人的调控下朝着人们的预期目标发展，产生的动机由需要程度决定。后者以物化劳动和自然资源为依托，通过对生产资源的配置或重新组合，使各种生产资源之间形成有序的时空结构，以便为科技成果植入和应用于农业生产经营过程提供良好的运行环境和配套条件。由此，可将推广过程的构成要素划分为主体要素（人或组织）和客体要素（资源和农业科技成果本身）两类[52]。

（一）农业科技成果供求主体协同分析

农业科技成果转化过程的主体要素涉及三个方面：

（1）成果主体——农业高校和科研院所，它是推广过程中农业科技成果的主体，是农业科技成果的创造者。

（2）成果受体——政府、涉农企业、农技协和新型农民，它是推广过程中农业科技成果的需求源。需求主体是指科技成果吸收和采用的组织或个人。

（3）成果载体——推广管理（成果推广）部门或一些中介组织，它是连接供求主体的桥梁和纽带。

上述三者互相制约、互为因果，循环往复，构成了科技成果转化为生产力的三大支柱。这三者可在一定条件下组成一个三角形图案，我们称之为转化协同三角形（如图2-1）。

在转化协同三角形中，三角形的三条边分别代表了成果发生源研究开发的成果数量，成果吸收源对成果的需求量，成果中介对成果的传递数量。

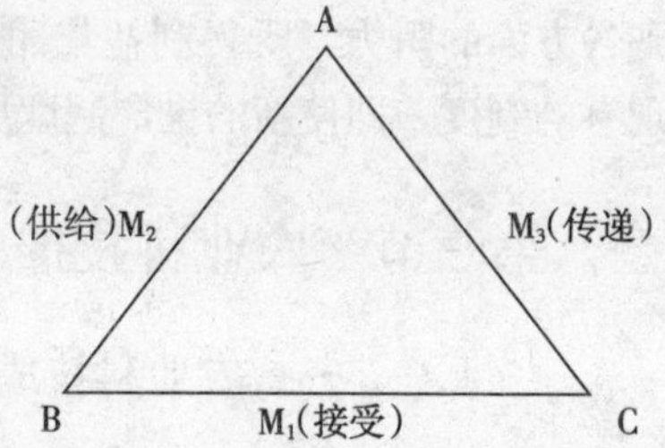

根据三角形 ABC 三条边的关系及实际情况，推广体系可能有以下几种情况：

图2-1 农业科技成果转化协同三角形
Fig 2-1 Conjunction with Triangle of Agricultural Sci-Tech Production Conversion

（1）$M_3 \leqslant M_2$，即成果传递量应小于或等于成果供给量。

（2）M_2 与 M_1 的关系有三种可能：

①$M_2 = M_1$，成果供给量等于成果需求量，成果供求平衡；

②$M_2 < M_1$，成果供给量小于成果需求量，研究开发不足；

③$M_2 > M_1$，成果供给量大于成果需求量，研究开发过剩，需求不足。

（3）M_3 与 M_1 的关系以 M_2 与 M_1 的关系为前提：

①当 $M_2 = M_1$ 时，$M_3 \leqslant M_1$，即成果传递的数量小于等于成果需求数量；

②当地 $M_2 < M_1$ 时，$M_3 < M_1$，即成果传递的数量小于成果需求数量；

③当 $M_2 > M_1$ 时，M_3 可大于、等于、小于 M_1，即根据不同情况传递数量可以大于、等于或小于成果需求数量。

理论上，当 $M_1 = M_2 = M_3$，协同三角形为正三角形时，主体要素完全协同，各种要素不多不少，效果最好。但在科技成果转化的实践过程中，这种情形是不可能出现的，一般会出现以下几种情况。

①成果供给充分时，$M_2 > M_3 > M_1$，即研究开发和传递的科技成果不可能完全被吸纳，总有一部分没有被利用。

②成果供给不足时，$M_1 > M_2 > M_3$，即研究开发的科技成果既不能被完全传递，亦不能满足需求，中国农业科技成果转化的现状就属此种情况。

因此，考虑到理想的协同状态不可能达到，转为理想的协同状况应为：

$M_1 : M_2 = 1 : 1.2 \sim 1.5$　　$M_1 : M_3 = 1 : 1.1 \sim 1.2$　　$M_2 : M_3 = 1.2 : 1$ 或 $M_1 : M_2 : M_3 = 1 : 1.2 \sim 1.5 : 1.1 \sim 1.2$。

这样，既保证了成果的充分供给，又保持了成果中介传递和实际应用的较高比率，取得较好的社会、经济、生态效果。

（二）客体要素（技物适配）分析

农业科技成果转化过程顺利与否，除主体要素起作用外，客体要素也起着重要作用。归纳起来，客体要素包括三个方面[53]：

（1）科技成果本身。科技成果本身是推广能否成功的首要基础。只有那些符合农民需求、能较大幅度增收和降损增效的过硬科技成果，才有转化成功的基础。因此，在科研立项、课题研究、开发推广全过程中，要对成果的先进性、适用性、有效性、风险性、可靠性等进行全面的分析评价，选择高效适用可靠的成果来进行转化（第八章详细介绍）。

（2）各种自然生产资源。农业生产中必不可少的土地、光、热、水、气、生物资源，是农业科技成果转化的载体和必要条件。没有草，草食畜牧业的成果不能运用，若缺水，淡水养殖技术就发挥不了作用。因此，转化过程中必须考察自然生产资源对科技成果的支持能力。

（3）社会经济环境条件。主要指除自然生产条件外的生产条件和经济环境。如种子、农药、化肥、生产设施、生产资金、生产工具、产品加工、销售等条件以及社会（各主体要素）对成果的认识及积极性等经济环境。

在三个方面的客体要素中，科技成果是被转化的对象，科技成果要由潜在生产力转化为现实生产力，必须在一定的社会经济环境中与其他生产要素结合起来进入农业生产过程。因此，社会经济环境条件和各种生产资源的状况对科技成果能否转化为现实生产力、转化程度和转化效益等方面影响很大。通常情况下，科技成果的转化应用对其应用环境都有相应的条件要求，如技术使用者的素质、配套的物质条件、市场与政策等，如果这些条件得不到满足，科技成果转化效能就很难发挥出来。正因为如此，有些学者将过去中国农业科技成果应用效果不佳的原因之一归之为"技物失配"。"技物失配"常使科技成果的潜力发挥受到限制，极易产生"木桶效应"。因此，一个良性的成果转化系统的客体要素组成应从"技物失配"走向"技物适配"，惟有如此，才能发挥转化系统的"整体效应"，使科技成果的潜能得到充分释放[54]。

从上述分析可如，在农业科技成果转化过程中基本的构成要素可以分为主体要素和客体要素两方面（见图2-2），在各要素中，主体要素的"协同"和客体要素的"技物适配"以及主、客体要素的共同协作是一个高效的农业科技成果转化系统的构成基础。只有系统内各个要素相互协调，形成合理的良性循环，才能产生协同效应。

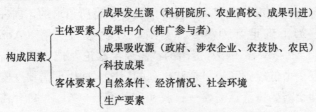

图 2-2　农业科技成果转化过程的构成要素

Fig 2-2　Composing Factor of Agriculture Sci-Tech

Productions Convert Process

二、农民行为改变理论

在一定的社会环境中，在人的意识支配下，按照一定的规范进行并取得一定结果的活动即行为。行为科学研究表明，人的行为是由动机产生，而动机则是由内在的需要和外来的刺激而引起的。人的行为是在某种动机的驱使下达到某一目标的过程。当一个人产生某种需要尚未得到满足，就会引起寻求满足的动机。在动机的驱使下，产生满足需要的行为并向着能够满足需要的目标进行。当行为达到目标时，需要就得到了满足。这时又会有新的需要和刺激、引起新的动机，产生新的行为……如此周而复始，永无止境。人的行为产生机理可用图 2-3（冬青，1987）表示：

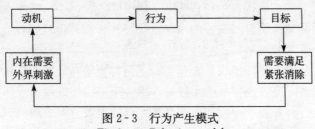

图 2-3　行为产生模式

Fig 2-3　Behavior model

心理学家认为促使动机产生的原因主要有两个：

（一）内在条件，即内在需要

需要是人们在生产、经济和社会活动中所追求的与实现不满的一种行为表现，人们从事各种活动都是有所追求的，内在的原因都是为了满足某种需要。美国心理学家马斯洛（Abraham Harold Maslow，1943）提出的"需要层次论"把人类的需要划分为五个由低级到高级呈梯状排列的层次，即生理需要→安全需要→社交需要→尊重需要→自我实现的需要（图2-4）。在一般情况下，人们先追求低层次需要的满足，再追求精神需要。

当一个人得不到需要的满足时，就引起个人内心（生理上或心理上）的兴奋，导致个人从事满足需要的某种行为（寻求某种方法），从而缓和兴奋的心理，相反如果达到目标，需要就得到满足，需要的过程也就完成（见图2-5）。

图2-4 需要层次论示意图

Fig 2-4 The chart of hierarchy of needs theory

当外部条件不变时，内在的需要是个人产生动机的根本原因。需要使一个人产生欲望和驱动力，这种驱动力就是动机，是推动人们去从事某种活动的

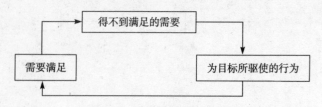

图2-5 需要满足过程示意图

Fig 2-5 Need to Satisfy Process Sketch

内在动力。它导致行为的产生。根据这种动机和需要理论，个体行为的基本公式如（图2-6）所示：

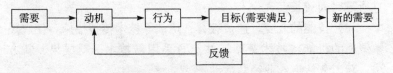

图2-6　个人动机示意图

Fig 2-6　Personal Motive Sketch

（二）外在条件，即外界刺激物或外界诱因

人的行为是人与周围环境交互作用的产物，是人与环境相互作用的函数，可用下式表示：$B = f(P, E)$

式中：B——行为；f——函数符号；P——人；E——环境。

在农业科技成果转化活动中，农民的行为主要是农民采用科技创新的行为。农民在采用创新技术时，有动力也有阻力，动力大于阻力农民采用，反之，则拒绝采用。农民行为的改变具有很强的层次性。层次主要包括：认识的改变；态度的改变；技能的改变；个体行为的改变；群体行为的改变；环境的改变。这几种改变的顺序见图2-7。

图2-7　态度、行为、环境改变图

Fig 2-7　Attitude, Behavior, Environment Change Diagram

（1）认识的改变。它可通过宣传、培训、教育、咨询、信息交流等手段使农民改变知识，增加认识和了解。这是行为改变的第一步，也是基本的行为改变。

（2）态度的改变。就是对事物评价倾向的改变，是农民对事物认知后在情感和意向上的变化。它比知识的改变难度较大，而且所需时间较长。

（3）技能的改变。通过教育、培训等技术传授措施，使农民掌握新的机能或技术革新，并愿意采用新技术、新成果、新方法、新工艺从事农业经营活动。

（4）个体行为的改变。个人行为的改变是农民个人在行动上发生的变化，这种变化受态度和动机的影响，也受个人习惯的影响，同时还受环境因素的影响。

（5）群体行为的改变。这是某一区域内农民行为的改变，是以大多数人的行为改变为基础的。在农村，农民是一个异质群体，个人之间在经济、文化、生理、心理等方面的差异大，因而改变农民群体行为的难度最大（俞克纯等，1998）。

（6）环境的改变。环境包括政治、经济、文化、物质条件等很多内容，是一个复杂的系统。农业科技推广活动通过改变农民的行为可以对环境的改变产生深刻的影响，但不是环境改变的惟一影响因素。这就要求现代农业科技推广不能仅仅局限在科学技术传播的层次，应该赋予更加丰富的内容，这样农业科技推广才会有新的生命力。

（7）农民行为改变的阻力。农民行为改变的阻力因素包括两个方面。一是农民自身和他们所属文化传统的障碍。不少农民受传统文化影响较深，存在保守主义、不愿冒险、只顾眼前、听天由命等传统的信念和价值观；许多农民受教育的程度很低，掌握技术的能力低，使不少农民缺乏争取成就的动机，阻碍着他们行为的改变。因此通过教育、培训等方式，提高农民的科技文化素质，从根本上改变农民的信念、观念和行为。二是农业环境中的阻力。如：经济、社会、自然、市场条件等。

范登班（A. W. van den Ban, 1988）将影响农民行为的方法归纳为：①权力。运用权力的作用，迫使他人去做那些有权力的人想做的事情。②交换。双方物品或劳务的交换。③咨询。一方为了帮助另一方决策所提出的意见或建议。④培训或教育。可以达到公开影响对方知识水平和态度的目的。⑤操纵。在不让对方知道目的的情况下利用微妙的手段，使对方按照自己的意图去做。⑥物资供应。为对方达到某种目标而提供的必要物资，这些物资往往是对方难以得到的。⑦提供服务。帮助对方做一些对方无能力做的事情。⑧改变农村社会、经济结构。一般涉及政治体制、经济体制、组织形式等（A. W. 范登班［荷］等 1990[55]）。

根据农民行为改变的理论，我们不难理解，推广人员进行农业科技推广时，必须使自己传递的农业创新成果与农民的需求层次相对接，采用恰当的干预、教育、传播、沟通手段，激发农民的学习兴趣，促使其改变态度，转变行为，采纳创新，实现依靠科技发展改变自身与群体的目的。

三、教育理论

农业科技推广的教育性特征，决定了农业科技推广与开发农村人力资源有着天然的联系（FAO，2000[56]；C. J. Maguire，1998[57]；K. D. Gallagher，2000[58]；L. Gasperini 等 2000[59]；New York. Report of the Secretary Central，2001[60]）。1866 年，英国剑桥、牛津大学一改贵族教育之传统，主动适应社会对知识、技术的需要，开始派巡回教师到校外进行教学活动，为那些不能进入大学的人提供教育机会，从而创立"推广教育"（extension education），其后，推广教育被英国和其他各国接受并普遍使用。并把农业科技推广工作作为一种非正式的教育对待。"许多重要概念承受一般教育和非正式教育或成人教育的影响"（吴聪贤，1988）。

教育式推广在影响 S 型农业创新扩散曲线时，诱导曲线可能上升很快。因为农民经过了解创新成果后自愿接受推广人员的指导，而教育对农民的影响一般较能持久。尤其是早期扩散是低斜度的，因农业科技推广而递升的扩散曲线，代表生产力增加的部分，有利于带动潜在采用者加入，而且维持一个持平的扩散曲线。有效的推广工作，不但促使农民较早采用，而使较多人享有新技术带来的益处，教育式推广工作更能诱导农民遵守秩序，避免同时有过多的人从众性地加入采纳者行列，使创新扩散曲线维持一个水平面，也避免出现与行政性推广相类似的情况，大家都争相采用新技术而造成新产品供大于求的局面。若没有教育性推广投入前的创新扩散曲线为"Ⅰ"，投入后的创新扩散曲线为"Ⅱ"（见图2-8）。扩散率用实际采用人数与潜在采用人数的比率，我们可将扩散率乘上潜在采用人数而取得实际采用人数，然后将此采用人数乘上每人因采纳新技术而比未采用时获得的净效益。如此，我们可以获得报酬Ⅰ和报酬Ⅱ两条曲线，有异于原来的两条曲线。将某年（T_x）的报酬曲线Ⅱ减去同年的报酬曲线Ⅰ，便得该年归之推广工作带来的报酬（J. C. Block，1983[61]；Khan. Qutub）。

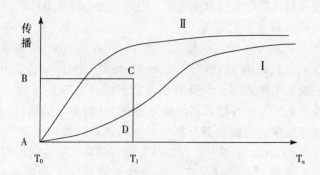

图2-8　教育式推广的传播模式

Fig 2-8　The Spread Pattern of Educational Extension

因为T_0年到T_1年，农业科技推广机构由于施行教育方案，投入 AB 的成本，才使扩散曲线Ⅱ产生，这个 ABCD 面积代表了推广的工作成本，要从报酬曲线Ⅱ里面扣减，以表示推广报酬曲线Ⅱ上的净额报酬。

农业科技推广教育是整个社会教育的组成部分，也是农业教育的一个分支，它是以整个农村社会为范围，以新型农民为主要对象，以农村开发和农民的实际需要为教材，以发展生产、繁荣农村经济为目标而进行农村社会知识、技术、技能、信息传授的教育。所以，农业科技推广教育可以归纳为是对农民的业余教育，是传播、咨询、宣传、开发、服务等方面结合在一起的社会工程。它的目的在于通过宣传、技术培训、试验示范等方式方法，提高农民的科学技术和经营管理水平，合理利用和开发自然资源和社会资源，保护生态环境，改进农业技术，发展农业生产，提高效益，改善农村生活。

根据教育理论，农业科技推广工作者应根据农村反馈的信息，了解农民需要什么，有针对性地开展新型农民科技培训。根据农民的特点并以多种形式如示范、培训、宣传、咨询、广播、电影、幻灯、录像、网络等穿插配合，灵活掌握，充分发挥推广人员的主观能动性，以调动参与者的积极性，多渠道、多途径、多种形式地开展。

农业人口众多，农业资源紧缺是中国的基本国情，要使如此众多人口的富裕建立在有限的农业资源上，是极其困难的。借鉴日本、韩国等国的经验，中国惟一能够选择的路子，仍然是依靠大规模培养农村人才、提高农村劳动者的科技文化素质的方式，利用有限的教育资源，大力开展新型农民培训。

四、新技术扩散理论

农民对农业新技术的采用是指新型农民从获得农业新信息到最终采用新成果的心理、行为变化过程。众多农业科技推广学家（许无惧，1988；郝建平，1998[62]；汤锦如，1999[63]；高启杰，1998）从心理学和行为学的角度进行分析，认为农民采用农业创新的过程大致可分为如下五个阶段。①认识阶段。也称为感知阶段。农民从各种途径获得信息，与本身的生产发展和生活需要相联系，从总体上初步了解某项创新。②兴趣阶段。农民在初步认识到某项创新可能会给他带来一定好处的时候，其行为就会发展到感兴趣。③评价阶段。农民根据以往资料对该项创新的各种效果进行较为全面的评价。农民在邻居、朋友或推广人员的协助下进行评价，得出肯定或否定的结论。④试用阶段。也称为尝试阶段。农民为了减少投资风险，估计效益高低等，防止盲目应用。在正式采用之前要先进行小规模的采用即试用，为今后大规模采用做准备。⑤采用阶段。也称为接受阶段，通过试用评价得出是否采用的决策，如果该项创新较为理想，农民便根据自己的财力、物力等状况，决定采用的规模，正式实施创新成果。

罗杰斯（1962）研究了农民采用杂交玉米种这项创新过程中，开始采用的时间与采用者人数之间的关系，发现两者的关系曲线呈常态分布曲线（图 2-9），他同时采用数理统计方法计算出了不同时间的采用者人数的比例的百分数，并根据采用时间早

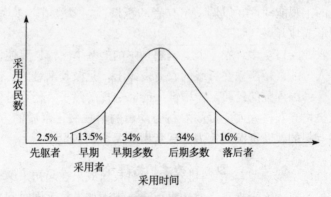

图 2-9　创新采用者分类及其分布曲线（仿 E. M.
罗杰斯《创新的扩散》）

Fig 2-9　Classification and distribution curve of the
user of innovation

（资料来源：杨士谋《农业推广教育概论》，1986）

晚，把不同时间的采用者划分为 5 种类型并加以命名（杨士谋，1987[64]）。第一种类型叫"创新先驱者"，第二种类型叫"早期采用者"，第三种类型叫"早期多数"，第四种类型叫"后期多数"，第五种类型叫"落后者"。

"新技术的扩散"可以是由少数人向多数人的扩散，也可以是由一个单位或地区向更多的单位或地区的扩散。新技术在农民群体中扩散的过程，也是农民的心理、行为的变化的过程，是"驱动力"与"阻力"相互作用的过程。当驱动力大于阻力时，创新就会扩散开来。研究表明，典型的创新扩散过程具有明显的规律可循，一般要经历突破、紧要、跟随和从众 4 个阶段（图 2 -10）（张仲威等，1996[65]）。

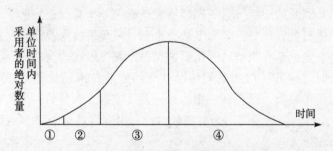

图 2 - 10 农业创新扩散过程的 4 个阶段

Fig 2 - 10 The 4 stages of agriculture innovation and spread

①突破阶段；②紧要阶段（关键阶段）；

③跟随阶段（自我推动阶段）；④从众阶段（浪峰减退阶段）。

（资料来源：张仲威《农业推广学》，1996）

推广实践表明，一项具体的农业科技新成果在起初采纳率是很低的，以后逐渐提高，然后再下降终结。如果按不同时间采纳的百分率统计，其扩散趋势通常呈现 S 形（见图 2 -11）。不过也有一开始采纳率就一直徘徊不升，只是到了后期才急剧上升，这样便出现 J 形曲线（见图 2 -11），但这种情况较少。

新技术 S 形扩散曲线可以用数学模型来表示。中国学者杨建

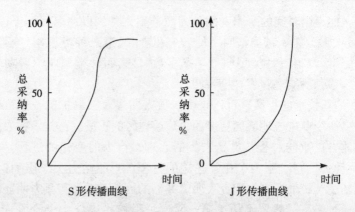

S形传播曲线

J形传播曲线

图 2 - 11　两种不同类型的科技成果传播曲线

Fig 2 - 11　Two Different Kinds Curve of Sci - Tech Productions Spread

昌（1995）曾对江苏省不同经济发达地区 6 个县（市）的 893 个农户进行抽样调查，了解了杂交水稻、浅免耕技术及模式化栽培三种农业创新在当地自开始引进至技术被 95％以上农户所采用。这段时间内的扩散和采用情况（全国农业技术总站等，1995）。利用所得结果，以创新采用的累计数（或累计百分数）为依变数（Y），创新扩散的时间为自变数（t），用非线性最小平方法配成 Richards 方程[66]：

$$Y = \frac{A}{(1 + Be^{-kt})^{1/N}}$$

式中 B、K、N 为参数；A 为一项创新在扩散范围内最大可能采用数量，以累积频率表示时，A＝100；e 为自然对数底。根据上述方程可导出：

①单位时间创新扩散数量（扩散速率）：

$$V = \frac{AKBe^{-kt}}{N(1 + Be^{-kt})^{(N+1)/N}}$$

②起始扩散势：

$$R_0 = \frac{K}{N}$$

③扩散速率达到最大的时间：

$$T_{\max}, V = \frac{\ln B - \ln N}{K}$$

④开始进入发展期的时间：

$$t_1 = -\frac{1}{K} \cdot \ln \frac{N^2 + 3N + N \sqrt{N^2 + 6N + 5}}{2B}$$

⑤开始进入衰退期的时间：

$$t_2 = -\frac{1}{K} \cdot \ln \frac{N^2 + 3N - N \sqrt{N^2 + 6N + 5}}{2B}$$

⑥扩散终止期（假定 A＝99 时扩散停止）：

$$t_3 = -\frac{1}{K} \cdot \ln \frac{(1 - 0.99)^N}{B}$$

以创新项目在当地开始采用的前一年的扩散速度为零，即 $t_0 = 0$，那么可以把整个扩散曲线划分为 4 段，也就是农业创新扩散周期的 4 个阶段，分别为：

第一阶段为投入阶段，时间范围 t_0—t_1；

第二阶段为发展阶段，时间范围 t_1—$T_{\max}$，V；

第三阶段为成熟阶段，时间范围 $T_{\max}$，V—t_2；

第四阶段为衰退阶段，时间范围 t_2—t_3。

杨建昌的研究得出三种类型农业创新的扩散曲线、扩散速率曲线及数学模型的各种参数分别见图 2-12、图 2-13。

S 形扩散曲线是一条典型的理论曲线，意味着在没有外力影响（如推广诱导）的情况下，创新行为产生完全依赖社会内部的人际沟通来达成。像这样的扩散，假定发生在同质性高而较为孤立的农村，同时农业科技推广只是事后的消极反应，或者没有任何形式的农业科技推广活动存在。这样的传播曲线有两个特征：其一为早期的采用者人数少，使少数采用者和早期采用者获利。其二为经过相当长的时间后，才有多数人加入采用行列，后采用者获利少，甚至出现亏损。农业科技推广不但是研究创新的扩散，关键是要研究如何干预扩散，是哪些因素影响扩散？如何解决影响

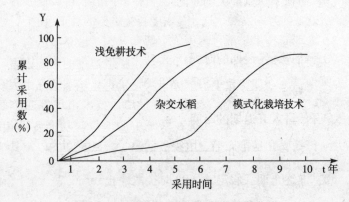

图 2-12　不同类型农业创新的扩散曲线

Fig 2-12　The spread curves of different type of agriculture innovation

（资料来源：杨建昌"农业革新传播过程的数学分析"，1995）

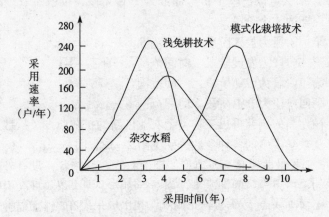

图 2-13　不同类型农业创新的扩散速率

Fig 2-13　The spread speed of different types of

agriculture renovation

（资料来源：杨建昌"农业革新传播过程的数学分析"，1995）

扩散的因素问题。如：行政干预、教育干预、政策磨损、市场磨损、自然条件磨损等存在情况下，S形曲线都会发生较大的变化。

如何克服不利因素影响，使农业创新扩散向着获得较高技术效益和经济效益的方向发展，这才是农业科技推广的真正目的。

在农业新技术扩散过程中，了解和认识扩散系统的各个子系统，主要的环境因素，有利于分析技术扩散速度的影响因素，从而为采取措施，加快技术扩散提供理论依据。该系统是由大众传播媒介、人际交流网络、农业科技推广、技术市场等四个要素（子系统）构成。四个子系统在系统中的地位与功能各不相同：①大众传播媒介是指广播、电视、网络、报纸、杂志以及其他出版物。②人际交流（文化交往）网络。它包括成果博览会、文化交往、人口流动和私人交流等许多活动方式。③农业科技推广是技术扩散中有组织、有目的、有意识且通常是无偿的传播技术方式。它可以利用多种手段和途径，采取各种方式扩散技术。目前它已成为农业技术扩散的重要途径。

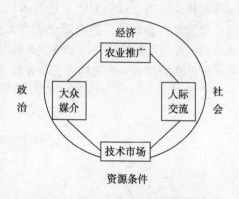

图 2 - 14　新技术扩散系统结构
Fig 2 - 14　System Structure of New Techniques Spread

④农业技术市场是农业科技成果的商品形式通过买、卖、中介三方的技术商品贸易活动，完成农业技术成果潜在的生产力向现实的生产力转化的过程。它通过当事人之间的责、权、利关系的确立，促使高新技术得到应用（见图 2-14）。系统是在环境中运行的，系统的环境因素即是系统运行的动力，又是系统运行的条件。新技术扩散系统的主要环境因素有：政治（体制、政策和法律等）、经济（经济发展状况、发展模式、市场价格及结构等）、社会（人口、文化、教育条件、习俗等）及资源条件（劳动力、

资金、自然禀赋等）。

五、农业踏板理论

农业踏板理论是从经济学的角度分析科技成果转化的过程。按照农户对新技术采用的时间顺序将农户分为三类：技术率先采用者、技术跟进采用者和技术被迫采用者。随着农户对新技术的采用及在农户间的扩散，即某项新技术从最初率先采用者（或采用地区）向外传播，扩散给越来越多的采用者（或地区），新技术得到普及应用，最终促进农业技术进步，这一过程具体表现为：增加农产品供给，进而降低农产品价格，使广大消费者受益。即：农户不断采用新技术→农产品产出增加→农产品价格下降→寻求新的技术……便构成了农业技术革新变迁的循环往复和阶梯式递进过程。这一作用过程可用下图作以说明（见图 2 - 15）。

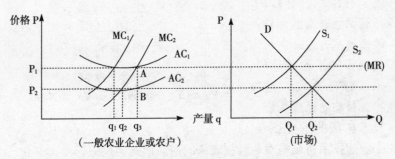

图 2 - 15　农户采用新技术变迁循环图

Fig 2 - 15　Change Circulating of Farmer Adopt Technique Diagram

由图可知，AC_1、MC_1 是农户采用新技术前的农产品生产平均成本线和边际成本线，S_1 是市场农产品供给曲线。平均每一农户的产量为 q_1，市场农产品总供给量为 Q_1，故采用新技术前，农产品的均衡价格为 P_1；采用新技术后由于农产品产出量增加使农户生产的平均成本和边际成本降低，即平均成本曲线由

AC_1 下移到 AC_2，边际成本线由 MC_1 下移到 MC_2（当然，有的农业新技术的采用并不直接表现为产量的增加，可能表现为产品质量或工作效率的提高，因市场上的优质优价从而亦可以看作单位产品收益提高，同样意味着单位产品成本的降低，所以上图可代表农业技术进步的一般情形）。采用新技术的诱因是：率先采用新技术的农户，由于产品产量增加到 q_3（因为此时的市场价格为 P_1，即边际收益 $MR = P$，而采用新技术后的边际成本为 MC_2，则此时农户的产量为边际成本 MC_2 与边际收益 P_1 的交点，即 q_3），从而获得较高的利润（最早采用者可获得近于 P_1ABP_2 面积的超额利润）。由于技术率先采用者有利可图，技术跟进采用者随之采用新技术。但随着采用新技术的农户增加，农产品数量大增，市场供给曲线开始向右移动，即由 S_1 向 S_2 右移。那些没有采用新技术的农户仍保持原有的平均成本线 AC_1，而市场价格则已下跌，因而未采用新技术的农户将处于亏损境地。当新技术的增产效果最终导致农产品价格大幅度下跌时，迫使未采用新技术者为维持原有的收入水平而不得不引进和采用同类技术，直到平均每个农户的产量达到 q_2，市场的供给量达到 Q_2，从而产生采用新技术后的新的市场均衡价格 P_2，完成新技术采用的一个循环[①]。

在利润的驱使下，农户率先采用新技术和后继者被迫也采用新技术，结果使供给曲线向右移动从而消除了新技术带来的超额利润的现象，称为"农业踏板"。它之所以称为踏板，是因为在市场竞争中农户只有不断地采用新技术，才能实现利润最大化。不采用新技术的农民，则要承受亏损甚至于面临被淘汰的风险。技术变化并不意味着降低所有农民的收入，只是降低那些没有采用新技术农民的收入。

---

①　参见中国社会科学院农村发展研究所苑鹏、李人庆撰写的《影响农业技术变迁和农民接受新技术的制度性障碍分析》一文。

　　同样农户采用新技术的积极程度受到风险、效益、成本等因素的影响。在图 2-16 中，横轴代表时间，纵轴代表产量和消费量。两条虚线中，上面的一条代表农户向往的消费水平，其斜率为正，代表随着时间的推移，农户的预期消费水平不断提高；下面的一条虚线，代表农户维持家庭生存的最低消费的需要。两条实线记录了农户 A 和 B 历年的产量水平。对于农户 A 而言，由于产量水平线接近于维持生存所需要的最低生理消费需要，如果采用新的农业技术，一旦失败，全家人的生存就会受到威胁，因此，对于新技术的采用，如果没有保障措施，减少其后顾之忧，他就不敢冒风险。而对于农户 B 来说，由于其产量水平大大超过最低消费需要线，他就敢于采用新的农业技术。

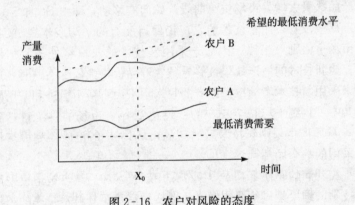

图 2-16　农户对风险的态度

Fig 2-16　The altitude of farmer to risk

　　农业踏板原理反映了市场经济比较发达条件下，比如美国等发达资本主义国家农业技术采用、扩散与革新变迁的递进机制。这一内在机制的形成，主要有如下几个要点：第一，它反映了市场经济条件下农民自主自愿采用新技术的过程，且能使农户（场）对新技术的采用形成一种既有动力又有压力的驱动机制。对技术率先采用者给予一种比较高的技术投资回报利益激励，而对跟随采用者和未采用者给予一种竞争压力，逼迫其也要及早采用新技术，进而促进整个社会的技术进步。第二，农户是否迅速、有效地采用新技术，取决于农民的接受能力、采用新技术的预期增产效果和预期风险及新技术的推广服务组织等多种因素。农户采用新技术的均衡点是其边际成本等于边际收益。每种新技术都有其自身特性，这些特性直接影响技术采用速度。第三，它反映的是一种农地产权能够流转的条件下，形成土地规模经营的过程。随着农业新技术的采用，农业经营盈利者将兼并农业经营亏损者，促进农业生产经营要素的优化配置。不能适应新技术要求的生产者将最终退出农业生产，而转营其他。农业生产经营者是懂技术会管理的农业企业家，使农业生产者的素质提高，并能优化不同技术条件下的农业生产经营规模，使之达到新技术采用的最佳规模点[67]。

六、内源发展理论

从 90 年代起，在欧美国家中已经发展了 70 年之久的农业推广（Agriculture Extension）学科被"沟通与创新"（Communication and Innovation Studies）学科所取代。它反映了"推广"内涵的改变。"沟通与创新"指的是"与农民交流和沟通的理论与方法以及农民采用技术的过程"，创新是农民认识技术、选择技术，并在技术采用过程中对技术进行应用、调试及改造的过程。新的推广理念和思想确立了农民在技术选择和技术采用交流中主导和平等地位。它不同于传统的推广只是一味地强调和考虑技术因素，而忽略了社区内众多的非技术因素，以及将农民作为被动接受者的角色。农业推广理念转变的背后是受到内源发展理论的支撑。该理论认为农民是农村社区发展中的动力，也就是说任何发展的源动力都来自社区的内部，来自社区的主体——农民。农民对技术的获取是一个主动的过程，即农民根据自己的生产、生活需要来主动寻找技术并采用技术。因为农民对其生产生活环境自有他们自己独到的认识，为了生存及发展，他们拥有相当丰富的技能及对事物的判断和生存发展策略，即在发展领域称为的"乡土知识"（Indigenous Knowledge）。农民在发展中有很大的潜力，这必须得到认同，而不能认为农民只是被动的发展对象。在这种情况下政府推广体系应该只是一种服务，即根据农民的需要提供咨询服务。

这种理论直接影响到了一些国家农业推广体系的建设。例如英国的推广体系由原来的 NAAS（National Agricultural Advisory Service，国家农业咨询服务系统）到现在的 ADAS（Agricultural Development and Advisory Service，农业发展及咨询服务系统），始终强调的是以用户——农民为导向的咨询服务意识，而且这里的服务不只包括技术本身，还包括市场信息、营销、农户（农场）生产设计、财务管理等等方面的内容。这一理论对于中国农业科技推广体系创新和推广方式变迁具有重要的指导意义。

第三章 中国农业科技推广需求分析

第一节 新阶段中国农业经济发展对科技推广的需求

一、新阶段中国农业经济的主要特征

当前，中国正处在以工促农、以城带乡的新的发展时期。农业和农村经济工作正在围绕全面建设小康社会的宏伟目标，树立和落实科学发展观，坚持统筹城乡发展方略和"多予、少取、放活"方针，全面贯彻中央扶持农业的政策措施，大力加强农业综合生产能力建设，深入推进农业和农村经济结构战略性调整，继续转变农业增长方式，促进粮食增产和农民增收，确保农村经济社会持续健康发展。农业经济发展的基本目标是：力争粮食产量稳定增加，农民收入持续增长，农业和农村经济全面协调发展（参见农业部部长杜青林在 2004 年两会期间举行的关于"三农"问题的记者招待会上的讲话）。总结起来，新阶段中国农业经济的特征如下：

（一）农业促进了国民经济的平稳运行

尽管中国农业基础薄弱的局面没有改变，但截至 2004 年农业发展的形势，对于国家搞好宏观调控和稳定全局起到了至关重要的作用。居民消费价格变化是判断国民经济运行状况的晴雨表，是出台不同宏观经济政策的重要依据。2004 年农产品丰收，农产品市场供求关系的缓和，不但直接满足了快速发展的加工业和城乡居民生活水平改善对农产品的需要，而且稳定了国民经济

全局，促进了宏观调控目标的实现，有效地避免了 20 世纪 90 年代中期农产品与非农产品价格的轮番上涨。初步核算，全年国内生产总值 182 321 亿元，比上年增长 9.9%。其中，第一产业增加值 22 718 亿元，增长 5.2%；第二产业增加值 86 208 亿元，增长 11.4%；第三产业增加值 73 395 亿元，增长 9.6%。第一、第二和第三产业增加值占国内生产总值的比重分别为 12.4%、47.3%和 40.3%（见图 3-1）。

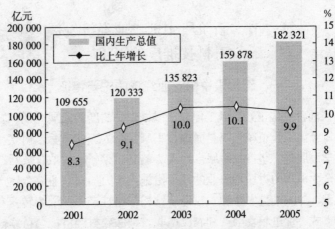

图 3-1　"十五"时期国内生产总值与增长速度

Fig 3-1　GDP and Increase Speed in the Tenth 5 Years Plan Period

（资料来源：中华人民共和国统计局 2005 年国民经济和社会发展统计公报）

（二）粮食生产出现重要转机

农民种粮的积极性明显提高。全年粮食种植面积 10 161 万公顷，比上年增加 220 万公顷；粮食总产量 46 947 万吨，比上年增加 3 877 万吨，是历史上增产最多的一年。粮食优质、专用化水平进一步提升。按面积计算，优质水稻比重提高 7 个百分点，优质专用小麦比重提高 5.9 个百分点，专用玉米比重提高 3 个百分点，优质专用大豆比重提高 1.8 个百分点。主产区建设得到加强，主产区政府抓粮食生产的工作力度加大，农业基础设施得到改善。在全国粮食增产总量中，13 个粮食主产省份增产量占 91%（见表 3-1）。

表3-1　1996—2004年分年度主要农产品产量

Table 3-1　Mainly Agricultural Product Yield per Year from 1996 to 2004

单位：万吨

地区 年份	粮食作物 总产量	谷物	稻谷	小麦	玉米	大豆	油料 总产量	棉花总 产量	甘蔗 总产量	甜菜 总产量	水果 总产量
1996	50 454	45 127	19 510	11 057	12 747	1 322	2 210	420	6 688	1 673	4 653
1997	49 417	44 349	20 073	12 329	10 431	1 473	2 157	460	7 890	1 497	5 089
1998	51 230	45 625	19 871	10 973	13 295	1 515	2 314	450	8 344	1 447	5 453
1999	50 839	45 304	19 849	11 388	12 809	1 425	2 601	383	7 470	864	6 238
2000	46 218	40 522	18 791	9 964	10 600	1 541	2 955	442	6 828	807	6 225
2001	45 264	39 648	17 758	9 387	11 409	1 541	2 865	532	7 566	1 089	6 658
2002	45 706	39 799	17 454	9 029	12 131	1 651	2 897	492	9 011	1 282	14 375
2003	43 070	37 429	16 066	8 649	11 583	1 539	2 811	486	9 024	618	14 517
2004	46 947	41 157	17 909	9 195	13 029	1 740	3 066	632	8 985	586	15 341
东部地区	15 395	14 027	5 940	3 425	4 339	330	1 042	242	6 782	24	8 156
中部地区	21 484	18 908	8 640	3 899	6 011	1 239	1 453	189	290	201	4 694
西部地区	10 068	8 222	3 329	1 871	2 679	172	571	201	1 912	361	2 491

注：2002年（含）以后水果总产量含果用瓜，资料来源：中国农业部中国农业年鉴2005年

2005 年粮食产量 48 401 万吨，比上年增加 1 454 万吨，增产 3.1%；棉花产量 570 万吨，减产 9.8%；油料产量 3 078 万吨，增产 0.4%；糖料产量 9 551 万吨，减产 0.2%。蔬菜、水果在品种优化的基础上平稳发展（见表 3-2）。

表 3-2 2005 年主要农产品产量

Table 3-2 Mainly Agricultural Product Yield in 2005

单位：万吨

产品名称	产　量	比上年增长%
粮　　食	48 401	3.1
夏　　粮	10 627	5.1
早　　稻	3 179	−1.3
秋　　粮	34 595	2.9
油　　料	3 078	0.4
花　　生	1 434	0.0
油 菜 籽	1 305	−1.0
棉　　花	570	−9.8
糖　　料	9 551	−0.2
甘　　蔗	8 760	−2.5
甜　　菜	791	35.2
烤　　烟	241	11.5
茶　　叶	92	9.8
水　　果	16 076	4.8
蔬　　菜	56 284	2.2

（资料来源：中华人民共和国统计局 2005 年国民经济和社会发展统计公报）

"十五"时期粮食产量与增长速度明显加快（见图 3-2）。其中棉花产量增长 30.1%，油料增长 8.8%，蔬菜、水果在扩大优质品种的基础上平稳发展。畜牧业特别是奶业保持快速增长，畜牧业总产值首次突破 1 万亿元，全年肉类总产量 7 260 万吨，比上年增长 4.7%。名特优水产品养殖、生态养殖和深水养殖发展迅速，水产品总产量 4 855 万吨，比上年增长 3.2%。

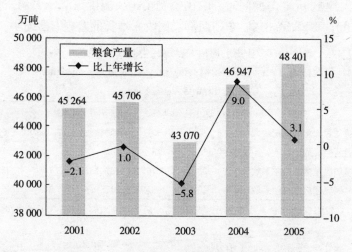

图 3 - 2　"十五"时期粮食产量与增长速度

Fig 3 - 2　Food Yield and Increase Speed in the Tenth 5 Years Plan

（资料来源：中华人民共和国统计局 2005 年国民经济和社会发展统计公报）

（三）农民收入实现较快增长

全年农村居民人均纯收入 3 255 元，扣除价格上涨因素，比上年实际增长 6.2%。农村居民家庭恩格尔系数（即居民家庭食品消费支出占家庭消费总支出的比重）为 45.5%，城镇居民家庭恩格尔系数为 36.7%。按年人均纯收入低于 683 元的标准，年末农村贫困人口为 2 365 万人，比上年末减少 245 万人；按年人均纯收入 684～944 元的标准，年末农村低收入人口为 4 067 万人，比上年末减少 910 万人（见表 3 - 3）。

农民收入增长的主要特点：一是农业纯收入明显增加。全年人均农业纯收入 1 056 元，增加 176 元，增长 20%，对增收的贡献率达到 56%。二是工资性收入较快增长。其中，农民人均外出务工收入达到 398 元，增加 52 元，增长 14.9%。三是转移性收入特别是来自国家的补贴收入增加较多。全年农民人均得到的转移性收入 116 元，增加 19 元，增长 19.3%，其中粮食直补收入人均14元。与此同时，农民税费负担大幅度下降，人均减少30元，下降44.3％。东中西部农民收入增长的差距有所缩小。

表3-3　"十五"时期城乡居民生活改善情况

Table 3-3　Residents Living Improvement Circumstance in the Tenth 5 Years Plan

指　标	单位	2001	2002	2003	2004	2005
城镇居民人均可支配收入	元	6 860	7 703	8 472	9 422	10 493
农村居民人均纯收入	元	2 366	2 476	2 622	2 936	3 255
城镇居民家庭恩格尔系数	％	38.2	37.7	37.1	37.7	36.7
农村居家庭恩格尔系数	％	47.7	46.2	45.6	47.2	45.5

（表格资料来源：中华人民共和国统计局2005年国民经济和社会发展统计公报）

2005年末广义货币供应量（M_2）余额为29.9万亿元，比上年末增长17.6％；狭义货币供应量（M_1）余额为10.7万亿元，增长11.8％；流通中现金（M_0）余额为2.4万亿元，增长11.9％。年末全部金融机构本外币各项存款余额30.0万亿元，增长18.2％；全部金融机构本外币各项贷款余额20.7万亿元，增长12.8％（见表3-4）。

表3-4　2005年全部金融机构本外币存贷款情况

Table 3-4　Save & Loan of Origin and Foreign Money all Financing Institutions in 2005

单位：亿元

指　标	年末数	比上年末增长％
各项存款余额	300 209	18.2
其中：企业存款	101 751	13.8
城乡居民储蓄存款	147 054	16.5
其中：人民币	141 051	18.0
各项贷款余额	206 838	12.8
其中：短期贷款	91 157	6.5
中长期贷款	92 941	16.2

全年农村金融合作机构（农村信用社、农村合作银行、农村商业银行）人民币贷款余额 2.2 万亿元，比上年末增加 3 451 亿元。全部金融机构人民币消费贷款余额 2.2 万亿元，增加 1 996 亿元。其中个人住房贷款余额 1.84 万亿元，增加 2 444 亿元（见图 3-3）。

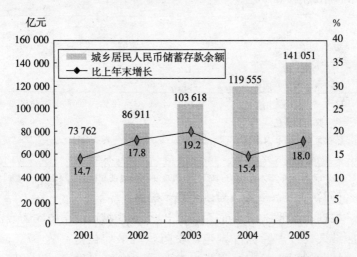

图 3-3　"十五"时期城乡居民人民币储蓄存款余额与增长速度

Fig 3-3　Residents RMB Savings Surplus Amount and

Increase Speed in the Tenth 5 Years

（资料来源：中华人民共和国统计局 2005 年国民经济和社会发展统计公报）

全国居民消费价格总水平比上年上涨 1.8%，农村上涨幅度高于城镇（见表 3-5），其中服务价格上涨 3.3%。商品零售价格上涨 0.8%。工业品出厂价格上涨 4.9%。原材料、燃料、动力购进价格上涨 8.3%。固定资产投资价格上涨 1.6%。农产品生产价格上涨 1.4%。70 个大中城市房屋销售价格上涨 7.6%。

表 3 - 5　2005 年居民消费价格比上年上涨情况

Table 3 - 5　Rise Compared to Last Year of Residents
Consumption Price in 2005

单位:%

指　　标	全　国	城　市	农　村
全国居民消费价格总水平	1.8	1.6	2.2
食　品	2.9	3.1	2.5
其中:粮食	1.4	1.5	1.3
烟酒及用品	0.4	0.3	0.5
衣　着	−1.7	−2.0	−0.9
家庭设备用品及服务	−0.1	−0.3	0.3
医疗保健及个人用品	−0.1	−0.4	0.5
交通和通信	−1.0	−1.6	0.3
娱乐教育文化用品及服务	2.2	1.3	3.8
居　住	5.4	5.6	5.2

(资料来源:中华人民共和国统计局 2005 年国民经济和社会发展统计公报)

(四) 农产品质量安全水平稳步提高

根据农业部 2004 年底对全国 37 个大中城市蔬菜中农药残留监测结果,按国际标准判定,农药残留平均合格率为 97.5%,即使排名最后的城市,蔬菜中农药残留合格率也在 90% 以上。2004 年监测全国 16 个城市畜产品中"瘦肉精"合格率为 98.3%。监测结果表明,中国农产品质量安全总体上是有保障的。

(五) 农业对外开放成效显著

农业国际交流与合作进一步加强。合作的对象逐步从主要发达国家转向多方位并举,同发展中国家的交流与合作迅速扩大。企业在农业国际交流与合作中的作用日益明显。农产品贸易保持快速增长,全年农产品进出口总额达 514.2 亿美元,比上年增长 27.4%。中国已成为全球第四大农产品贸易国。农产品出口结构继续优化,水海产品、畜禽、水果、蔬菜、花卉等优势农产品的国际竞争力迅速提高。

(六) 农业比较效益明显回升

长期以来,中国农业增产,但效益不明显。前几年中国农林牧渔业总产值增长 5% 以上,但第一产业增加值只能增长 2%。2004 年前 3 季度,中国农林牧渔业总产值较上年实际增长 6.50%,而第一产业增加值实际增长达 5.5%,不但第一产业增加值恢复到 90 年代中期水平,而且农业总产值与第一产业增加值的增速之间的差异明显缩小,农业比较效益回升甚至超过增产对国民经济的贡献(见表 3-6)。

表 3-6 农村经济收益分配情况

Table 3-6 the Rural Economic Income Assigns Circumstance

单位:万元

项 目	数 量	占总体%	比上年±%
一、农村经济总收入	1 511 730 024	100.0	14.8
其中:出售产品收入	896 311 685	59.3	19.3
(一) 按经营形式划分			
1. 乡(镇)办企业收入	414 343 847	27.4	19.9
2. 村组集体经营收入	155 473 009	10.3	2.1
其中:村办企业收入	103 270 268	6.8	1.0
3. 农民家庭经营收入	728 275 631	48.2	12.2
4. 其他经营方式收入	213 637 536	14.1	25.5
(二) 按行业划分			
1. 农业收入	165 228 965	10.9	13.6
(1) 种植业收入	150 588 710	10.0	14.3
其中:出售种植产品收入	85 263 869	5.6	15.3
(2) 其他农业收入	14 640 254	1.0	7.1
2. 林业收入	9 928 463	0.7	10.1
其中:出售林业产品收入	6 121 630	0.4	8.9
3. 牧业收入	78 524 197	5.2	9.7
其中:出售牧业产品收入	54 697 997	3.6	11.2
4. 渔业收入	21 539 928	1.4	9.1
其中:出售渔业产品收入	16 743 849	1.1	9.0
5. 工业收入	865 915 605	57.3	16.8
6. 建筑业收入	85 381 244	5.7	8.2
7. 运输业收入	62 884 083	4.2	9.7

（续）

项　目	数　量	占总体%	比上年±%
8. 餐饮业收入	138 379 489	9.2	14.9
9. 服务业收入	38 794 836	2.6	16.7
10. 其他收入	45 153 214	3	12.0
二、总费用	1 212 496 753	80.2	15.7
其中：1. 生产费	1 000 668 720	66.2	15.7
2. 管理费用	92 230 848	6.1	21.1
三、净收入	299 233 271	19.8	11.1
四、投资收益	1 967 997	—	32.2
五、农民外出劳务收入	45 261 032	—	22.1
六、可分配净收入总额	346 462 299	100.0	12.6
（一）国家税金	31 848 371	9.2	10.0
1. 农业税	2 040 340	0.6	−48.0
2. 其他税金	29 808 031	8.6	19.0
（二）上交国家有关部门	3 909 913	1.1	11.6
（三）外来投资分利	6 215 351	1.8	19.6
（四）外来人员带走劳务收入	15 187 481	4.4	18.8
（五）企业各项留利	26 595 954	7.7	23.8
（六）乡村集体所得	6 878 446	2.0	−6.1
其中：（1）农业两税附加	489 403	0.1	−49.3
（2）一事一议筹资	268 479	0.1	−11.3
（七）农民经营所得	255 826 783	73.8	11.9
七、农民从集体再分配收入	5 636 253	—	9.8
八、农民所得总额	261 463 036	—	11.9
农民人均所得（元）	2 894.84		11.5

（资料来源：中国农业年鉴，2005 年）

（七）农村改革迈出重大步伐并初见成效

农村税现已全部取消。粮食流通体制改革加快推进，粮食购销市场化程度进一步提高。农村金融体制和土地征用制度改革稳步推进。农业和农村经济发展的体制环境进一步优化，农村剩余劳动力得到有效转移，2000 年农村劳动力为 32 998 万人，到 2004 年下降为 30 596 人（见表 3-7）。农村人口的文化程度明显提高，有专业技术职称的人数实现了零的突破，全家劳动力外出从业时间全年中、东和西部均超过了 200 天，进入第二、三产业的人数呈上升趋势（见表 3-8）。

表 3 - 7 农村劳动力情况
Table 3 - 7 **Rural Labors Circumstance**

单位：万人

年份地区	全国总人口	乡村人口	占总人口比重（%）	乡村劳动力人数	农业劳动力	占乡村劳动力的比重（%）	非农劳动力	比重（%）	工业	建筑业	交通运输业	餐饮业
1996	122 389	91 941	75.1	45 288	32 260	71.2	13 028	28.8	4 019	2 304	1 028	1 262
1997	123 626	91 514	74.0	45 962	32 435	70.6	13 527	29.4	4 031	2 373	1 058	1 382
1998	124 810	91 960	73.7	46 432	32 626	70.3	13 806	29.7	3 929	2 394	1 088	1 462
1999	125 909	92 216	73.2	46 897	32 912	70.2	13 985	29.8	3 953	2 532	1 116	1 585
2000	126 583	92 820	73.3	47 962	32 998	68.4	15 165	31.6	4 109	2 692	1 171	1 752
2001	127 627	93 383	73.2	48 229	32 451	67.3	15 778	32.7	4 296	2 797	1 205	1 865
2002	128 453	93 503	72.8	48 527	31 991	65.9	16 536	34.1	4 506	2 959	1 259	1 997
2003	129 227	93 751	72.5	48 971	31 260	63.8	17 711	36.2	4 937	3 201	1 328	2 059
2004	129 988	94 254	72.5	49 695	30 596	61.6	19 099	38.4	5 439	3 381	1 476	2 702
东部地区	54 138	38 441	71.0	19 874	10 586	53.3	9 288	46.7	3 326	1 544	713	1 284
中部地区	45 409	32 891	72.4	17 374	11 439	65.8	5 935	34.2	1 501	1 135	507	933
西部地区	29 852	22 922	76.8	12 447	8 571	68.9	3 876	31.1	612	702	256	484

注：全国总人口包括中国人民解放军现役军人数，但不包括香港、澳门特别行政区和台湾省数据；分区人口数据中未包括中国人民解放军现役军人。资料来源：中国农业年鉴，2005。

表 3 - 8 2004 年农户家庭人口与劳动力情况

Table 3 - 8   Rural Household Population and Labor Circumstance in 2004

(每个农村居民户)

指标名称	单位	全国	东部	中部	西部
被调查户数	户	19 484	6 500	7 396	5 588
家庭常住人口	人	4.00	3.89	3.88	4.28
农村人口	人	3.78	3.61	3.72	4.07
家庭劳动力	人	2.46	2.38	2.47	2.55
其中：农村劳动力	人	2.35	2.24	2.38	2.45
在农村劳动力中：					
1. 文盲、半文盲	人	0.29	0.27	0.27	0.34
2. 小学文化程度	人	0.81	0.73	0.88	0.79
3. 初中文化程度	人	1.02	1.02	1.01	1.02
4. 高中文化程度	人	0.16	0.18	0.13	0.16
在农村劳动力中：					
有专业技术职称人数	人	0.11	0.12	0.09	0.14
受过职业教育和培训人数	人	0.17	0.18	0.14	0.20
在家庭劳动力中：					
1. 从事农业家庭经营劳动力	人	1.23	0.91	1.35	1.45
2. 从事非农业家庭经营劳动力	人	0.27	0.29	0.23	0.27
3. 受雇劳动者	人	0.48	0.52	0.43	0.38
4. 个体、合伙工商劳动者	人	0.06	0.09	0.05	0.06
5. 私营企业经营者	人	0.02	0.04	0.03	0.03
6. 乡村及国家干部	人	0.04	0.04	0.04	0.04
7. 教科文卫工作者	人	0.03	0.04	0.03	0.03
8. 其他	人	0.33	0.44	0.31	0.32
全家劳动力外出从业时间	天	220	212	220	229
全家外出从业劳动力数	人	0.91	0.84	0.92	0.99
全家外出收入	元	6 014	8 097	5 088	4 816
从事农业人数	人	1.28	0.93	1.39	1.45
从事工业人数	人	0.27	0.41	0.24	0.17
从事建筑业人数	人	0.11	0.10	0.14	0.15
从事运输业人数	人	0.07	0.08	0.06	0.07
从事商贸、饮食、服务业人数	人	0.23	0.26	0.20	0.23
从事其他行业人数	人	0.50	0.60	0.44	0.47

注：资料来自农业部农村经济研究中心

2005 年全年出生人口 1 617 万人，出生率为 12.40‰；死亡人口 849 万人，死亡率为 6.51‰；自然增长率为 5.89‰，城镇人口数量和乡村人口数量正在接近（见表 3 - 9）。2005 年末全国总人口为 130 756 万人，比上年末增加 768 万人。"十一五"期间国家将通过创造良好的劳动力流动和就业环境，加速农村劳动力向城市的转移，长效地推进农民增收，为农村再生产和人力资本形成提供经济支持。

表 3 - 9 2005 年人口主要构成情况

Table 3 - 9   The Mainly Population Constitutes Circumstance in 2005

单位：万人

指 标	年末数	比重（%）
全国总人口	130 756	100.0
其中：城镇	56 212	43.0
乡村	74 544	57.0
其中：男性	67 375	51.5
女性	63 381	48.5
其中：0～14 岁	26 504	20.3
15～64 岁	94 197	72.0
65 岁及以上	10 055	7.7

（资料来源：中华人民共和国统计局 2005 年国民经济和社会发展统计公报）

（八）农村信息产业得到大力发展

截至 2005 年 6 月 30 日，全国涉农网站约有 6 389 家，在中国农业信息网上自愿登记注册的农业网站已达 4 372 家[①]，信息产业部和中国电信、中国网通、中国移动、中国联通、中国卫通、中国铁通等在全国范围展开了发展农村通信、推动农村通信普遍服务的第一步——"村村通电话工程"（简称村通工程）。总体任务是 2005 年底前实现"邮电十五规划"中"全国 95％以上行政村通上电话"的目标（见图 3 - 4）。2004 年共有 9 357 个行政村新开通了电话，全国通电话行政村总数达到 62.8 万个。广

---

① 2005 年 7 月 23 日，中国互联网络信息中心在京发布的第十六次中国互联网络发展状况统计报告中的数字。

大农村地区的社会和经济发展需要电信起到基础支撑和拉动作用，抵御自然灾害和突发事件、维护社会安定团结也离不开电信的信息传递作用。一直以来，农村被人们称为网络信息传递的"最后一公里"的问题得到了初步解决。

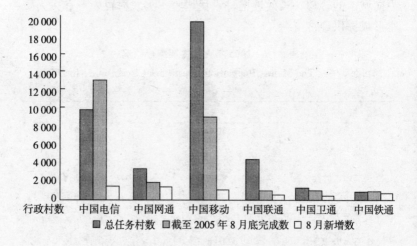

图 3-4　电信企业村村通工程进展情况示意图

Fig 3-4　Progress Circumstance of Telecommunication
Enterprises Village Engineering Sketch

（资料来源：信息产业部网站 2005 年 8 月）

二、农业经济的发展对科技新的需求

从上一节的资料中可以发现：截止到 2005 年，农业在国民经济中的地位明显提高，中国粮食和经济作物获得较好收成。农民现金收入较快增长，增速比上年同期提高 1.6 个百分点。城乡居民生活水平提高较快，农业各行业运行良好，种植业结构调整稳步推进，畜牧业发展势头较好，渔业生产稳步发展，乡镇企业平稳运行，农业产业化和农产品加工业健康发展，农业机械化步伐加快，农垦经济较快增长。农业科技推广与创新步伐加快，一大批先进适用技术、良种良法运用到粮食和农业生产各个领域。农业综合生产能力建设顺利推进,加大了对农业的投入力度。优质粮食产业工程进展顺利,耕地质量建设得到加强。农业"7大体系"① 建设向纵深发展。但是与发达国家相比,中国农业科技总体水平仍有较大差距,农业科技自主创新实力薄弱,很多成果不能变成现实生产力;农民科技素质总体不高;农业科技投入总量偏低,创新与应用体系建设有待加强。粮食增产与农民增收幅度不协调;农产品安全质量虽有提高,但食品安全仍需加强;农民的科学文化素质仍需大幅度提高,农民工的后续服务和社会保障亟待加强;信息产业特别是网络工程在农村才刚刚起步,任重而道远。根据《全国农业和农村经济发展第十一个五年规划》确定的目标,"十一五"期间中国粮食播种面积将不低于 1.033 3 亿公顷,粮食年综合生产能力达到 5 亿吨左右;棉花、油料和糖料产量分别达到 680 万吨、3 200 万吨左右和 1.2 亿吨。优势农产品产业带初步形成,农业产业结构更加优化,乡镇企业每年新增就业 250 万人以上,农民外出务工每年新增 500 万人左右。农业科技自主创新和转化应用能力进一步提升。农民收入年均增长 5%以上。完成这些指标更需要农业科技的投入。"十一五"期间,提高农业综合生产能力仍然是"三农"发展的主旋律,增粮增收仍然是农业和农村经济工作的重头戏。农业经济的发展需要农业科技必须实现"四个转变"和 具备"六个能力"。②

"四个转变"一是发展重点要由注重常规技术向常规技术与高新技术相结合转变,在跟踪模仿的同时,把推动自主创新摆在

---

① 农业"7大体系"包括种养业良种体系、农业科技创新与应用体系、动植物保护体系、农产品质量安全体系、农产品市场信息体系、农业资源与生态保护体系、农业社会化服务与管理体系等七个方面(农业部杜青林部长在 2003 年 5 月 23 日召开的农业部网络视频会议上提出)。

② 引自农业部副部长张宝文在 2005 年 1 月 16 日中国农业科学院 2005 年工作会议暨全国农业科研机构联谊会上的讲话。

整个农业科研的突出位置，加快生物技术、信息技术等高新技术研究，促进高新技术产业化发展。二是创新方式要由过去重个体、重单项研发向群体创新、联合攻关转变，构建"学科带头人＋创新团队"模式，使科技资源真正向创新能力强、创新效率高的创新群体和科研机构倾斜，构筑大平台，争取大项目，创造大成果。三是管理理念要由重物轻人、重利轻研向以人为本、以研为本转变，高度注重创新人才培养和创新能力提高，努力为科技工作创造良好环境和条件，在科研体制、运行机制和科技管理上取得突破。四是工作内容要由过去重视研发、应用、推广向研发、应用、推广与普及、培训并重转变，着重抓好重大应用技术研究和攻关，突出新技术的应用、推广和培训，为农业综合生产能力的提高提供全方位的科技支撑。

"六个能力"一是加强农业科技研发与攻关，提高解决重大关键问题的能力。二是加快国家农业科研创新体系建设，提高自主创新能力。建立国家农业科技创新体系必须处理好借鉴国外经验与从国内实际出发的关系，新型国家农业科技创新体系与现有科技体系的关系，新型国家农业科技创新体系建设与优势农产品布局、自然生态区划、国家"十一五"规划等衔接的关系以及新型国家农业科技创新体系建设中整体布局与单项推进的关系。三是加强农业科技条件建设，提高农业科技持续发展能力。四是大力推进农业科技入户，提高科技服务"三农"能力。五是加强农业科技人才队伍建设，提高人才兴农能力。六是加强重大突发事件的科技防控技术和预案研究，增强科技应急能力。

第二节　社会主义新农村建设对农业科技推广的需求

一、新农村建设的主要内容

中国曾在50年代和80年代分别提出过建设新农村的目标和

任务，多表现为一种愿望和发展方向。而这次重提建设"新农村"，并非简单重复，而是农村深化改革全面发展的一次新的重要部署。再次提出新农村建设，与中国新的经济社会发展的大背景，即中国整体上进入了工业反哺农业，城市带动农村的阶段有关，具有非常鲜明的时代特征。同时，概念上还涵盖了以往国家处理城乡关系、解决"三农"问题的政策内容，而且还赋予农村政治文明等一系列新的建设内容。

（一）新农村建设的目标

争取用 10～15 年的时间，把全国农村基本建成经济社会协调发展、基础设施功能齐备、人居环境友好优美、民主意识显著增强、村容村貌格调向上的社会主义新农村，最终到达农村全面实现小康的目标。

（二）新农村建设的重点内容

可以概括为"六通、五改、两建设、一提高"。"六通"即通路、通水、通气（燃料）、通电、通讯、通广播电视，"五改"即改厕、改厨、改圈舍、改校舍、改卫生所；"两建"即建公共活动场所、建集中垃圾处理站；"一提高"即提高农民收入。具体而言，新农村建设主要包括四方面的内容：

1. 为农民提供最基本的基础设施，不断改善农民的生存条件 优先解决包括道路、安全饮水、沼气（燃料）、用电、通讯、广播电视等基础设施的建设问题；同时改造中小学校舍、改造卫生所，并帮助农民改厕所、改厨房、改圈舍；另外在农村还要建设必要的公共活动场所，建设必须的垃圾处理场所。

2. 为农民提供最基本的公共服务，初步解决农民的后顾之忧 做到幼有所托、少有所学、老有所养、病有所医、残有所靠、闲有所乐。因此，加强义务教育、公共卫生、贫困救助、基本社会保障等方面的制度建设，解决农民上学难、看病难、养老难等问题。

3. 改善农业、农村生产条件，培育新的支撑产业 要大力加强农业基础设施建设，重点搞好农田水利建设、防洪排涝工程、抗旱节水设施、农村电气化工程等，确保农业现代化进程的顺利进行。

4. 深化农村体制、机制改革，为新农村建设提供制度保障

深化农村改革，完善乡村治理结构，健全农村自治机制，加强农村法制建设，积极开展法律援助，大力推进合作经济组织、专业协会等农民自制组织的建设，为建设社会主义新农村提供制度保障。同时，要加强对农民的教育和培训，努力把广大农民培养成为有理想、有文化、有道德、有纪律的社会主义新型农民。

（三）新农村建设投资需求初步估算

根据对典型地区的调查，在中西部地区，新农村建设的"六通、五改、两建"等13项工程扣除已建成的项目后，待建项目全部建成所需投资平摊到农户每户约为8 265元（政府＋农户）；其中，农民愿意承担49.7％的费用（即4 107元），希望政府补助的比例为50.3％（即4 158元）。按照2004年农村统计户数测算，全国完成上述13项建设项目共需要投资总额约为2.05万亿元；若以上述同样的比例分配，政府投资的额度为1.03万亿元，农民自筹部分为1.02万亿元；其中，中西部地区需要投资1.26万亿元，需要政府投资6 330亿元，农民自筹资金6 270亿元①。

（四）社会主义新农村建设面临的新任务

（1）不断提高全社会对建设社会主义新农村重要性及对建设社会主义新农村的内涵的认识，防止认识的片面化和简单化，谨防新农村建设走入歧途；同时，充分认识其将是一个艰巨、复杂和长期性的任务，切忌"口号化"和"一阵风"。

（2）切实调整国民收入分配格局，真正提高公共财政向新农村建设投入的力度，增加比例。中央政府尤其要承担起新农村建

---

① 数据来源：马晓河，《社会主义新农村建设的内涵目标与内容》，国家发改委宏观院。

设的重任，中央政府财政支出应向农业、农村适度、重点倾斜，发挥公共财政职能，不断增加公共财政支持农村的范围和强度。"十一五"规划建议中在城乡统筹、农村公用事业建设和农村改革等多个方面，国家要向农村倾斜。要加快现代农业建设，用先进的物质条件装备农业，用先进的科学技术改造农业，用先进的组织形式经营农业，用先进的管理理念指导农业，提高农业综合生产能力。

（3）要统筹兼顾，科学规划，因地制宜，突出重点地推进新农村建设步伐。要切忌不顾当地实际和农民的承受能力，搞"普遍开花"、"一刀切"，防止把新农村建设搞成劳民伤财、千篇一律、千村一面的政治运动和形象工程，应杜绝一切形式的新农村建设的各种达标升级、考核和评比。

（4）新农村建设目的是服务农民，提高农民生活福利水平，农民是新农村建设的主力和直接受益者。在新农村建设过程中，必须尊重农民意愿，充分发挥民主，强化农民的参与。要对农民开展教育、引导、培训和示范，鼓励和诱导农民广泛参与新农村建设之中；要继续全面深化农村改革，重点是推进乡镇机构改革、完善乡村治理结构、健全农村自治机制、加强农村法制建设；深化农村县乡财政体制、农村金融和土地征用制度等方面的改革，激发农村活力。要深化义务教育制度、医疗制度改革、大力发展农村教育、卫生、文化等社会事业，重点普及和巩固农村九年义务教育，建立新型农村合作医疗制度，提高农村公共服务水平。

（5）继续千方百计增加农民收入，稳定发展粮食生产，积极推进农业结构调整，发展壮大区域特色经济，引导富余劳动力向非农产业和城镇有序转移，拓宽农民就业和增收空间。

二、新农村建设对推广体系的需求

（一）对农村科技创新服务体系提出了更高的要求

建设社会主义新农村，首要的问题是发展。发展现代农业、推进农业产业化经营、走农村新型工业化道路，促进农村经济结构的战略性调整、统筹城乡经济社会协调发展，无疑对作为现代生产要素的科学技术提出了更高、更迫切的要求。科学技术要真正转化为现实生产力，必须加强农村科技创新服务体系建设。要不断优化农村聚才、育才、用才环境，进一步提高广大农民群众的科学文化素质和科技应用水平，加快农业科技创新和科技进步，促进农业科技推广。

（二）对农村实用技术人才的培养开发提出了更高的要求

建设社会主义新农村，离不开农村人才作支撑。培养开发农村实用技术人才，造就一大批直接为农村、农业和农民服务的农业科技人才和农村管理人才，为农民致富、为农业和农村经济社会事业的发展服务，是促进经济和各项社会事业发展的有效途径，也是建设社会主义新农村的强有力保证。

（三）对政府科技管理部门职能的转变提出了更高的要求

创新农村科技服务体系建设，需要政府科技管理部门转变职能。在科技计划项目管理工作中，要向农村、基层倾斜；要围绕农业支柱产业培植，组织实施农业科技成果推广计划项目；要大力扶持优秀乡土人才，发展各类民办科技组织。要更加重视管理民主科学的农村农产品行业协会、农村经纪人协会和农民文化协会等各类群众社团的建设，让他们更多地承接从政府部门中分离出来的管理和服务职能，实现自我管理、自我发展。

第三节 市场经济条件下农民对科技推广的需求分析

一、市场经济条件下农户经营的特点

农民直接劳作于农业生产的前沿和农业科技应用的终端。在市场化过程中，农户自然而然成为农业技术需求主体，农户对农业技术创新的需求是农业技术创新的主要推动力之一。但目前由

于农民素质偏低、农户经营规模过小、农业经营风险过高等原因导致农户对农业科技产品有效需求相对不足。

(一) 农户整体文化素质偏低

农民的文化程度、掌握和运用科技的能力等综合素质，制约着对农业技术商品的有效需求和科技推广为生产力的程度。中国现有 63%的人口居住在农村，全国有 80.6 万个自然村，农村劳动力中 70.16%文化水平在初中以下，大学生 30%的来自有 9 亿人口的农村，70%来自只有 4 亿人口的城市。中国农村劳动力人口受教育情况普遍偏低，其中文盲半文盲人口占农村劳动力人口的 7.4%，受过专业技能培训的人口仅占劳动力人口的 13.6%。特别是近年来随着大批受过教育的青壮年劳动力向城市转移，农村中从事农业生产的劳动力逐渐趋向老龄化、低素质化，更进一步加剧了农民素质下降的态势，形成采用农业科技成果的人力壁垒。

(二) 农业比较效益低

客观上造成农民采用新技术的机会成本高而消极对待技术创新。由于农业产业的特性（初级产品产业）和工农产品价格"剪刀差"等因素所致的农业比较效益低，将导致农民增加对农业的科技投入得不到社会平均利润或报酬递增，而且有可能会出现报酬递减，这从根本上挫伤了农民采纳新技术的积极性和自觉性。比较利益诱导结果使农业生产要素和高素质的农民向非农产业流动，由此决定了中国农户对农业新技术的有效需求降低。

(三) 农户经营规模约束

农户的经营规模制约着农业新技术的采用。中国农村人多地少，户均经营规模小，而且每户耕种的土地田块分散。这种小规模的分散经营，不利于农作物的田间管理和农户采用新技术，尤其对"规模性技术"的采用会受到严重阻碍。并且，农户小规模生产也缺乏抵御自然风险和市场风险的能力，还难以捕捉技术信息或支付不起信息成本，阻滞着新技术对农业的导入。

（四）惧怕风险

农业的发展不但有自然风险而且有市场风险，市场对农产品需求的变幻莫测。中国农业生产采取的是以家庭为单位的、分散的经营形式，农民的组织和农业行业的组织化程度都很低，过小的经营规模、单薄的经济实力，使得农民几乎没有承担风险的能力。并且，这种小农户、大市场的矛盾本应该通过构建完善的农业服务体系来弱化，然而中国农业服务体系发展滞后，无形中放大了农户面对市场的风险。中国绝大部分农村地区农业基础设施落后，农户抵抗自然灾害的能力较弱，采用农业科技成果虽可以提高农业生产抗风险的能力，但是新技术高投入、预期效益和采用新技术后的比较效益的不确定性，加大了农户采用新技术的阻力。

（五）农业技术和商品市场秩序不规范，严重打击了农民采用新技术的积极性

近几年，农业技术市场经济主体和个人急功近利、不讲商业信誉，假冒伪劣种子、化肥，虚假、错误信息等坑农、害农事件时有发生，而且适应市场经济运行的行政管理体制还未完全建立起来，政企不分、地区分割、行业壁垒还不同程度地存在着。不规范的农业技术和商品市场秩序加大了农民采用农业技术的风险，严重打击了农民采用新技术的积极性。

（六）农民采用新技术的资金不足

相对充裕的资金是农民采用新技术的前提和保证，然而由于农民收入本来就有限，加之负担沉重，以及农村借贷体系不完备，致使农民使用新技术的资金严重不足，阻碍了农业新技术的推广和应用。农户经营规模狭小，生产组织化程度低，承担风险能力弱。

二、农民对科技需求的新变化

（一）农民科技需求取向的变化

随着中国农业由传统农业向现代农业转变，经济增长方式由

粗放型向集约型转变,农民的科技需求取向也从常规技术向高附加值技术转移。调查发现(根据杨凌农业高新技术产业博览会农民调查问卷统计),农民的需求可以总结为新品种、新技术、新农药、致富项目、生产常识、常规技术、市场信息、农业政策 8 大类,但是常规技术和生产常识占的比例很低,对于新的致富项目探寻非常迫切。

(二)农民阶层分化导致科技需求和技术来源多样化

随着农村改革的不断深化,一小部分农民离开土地,到城市去另谋出路,成为丧失、出让或出租土地的农民,大部分农民则缓慢地由传统农业向现代农业转变,并分化成为不同的阶层——传统农民、新型农民。已经富裕起来的具有投资能力的少部分农民,渴望得到高科技含量的新成果、新技术;而那些低收入的缺乏资金和生产技术、缺乏市场信息和价格信号的农民,则处在寻求适合在当地发展的成熟的配套技术,由于他们承担风险的能力较弱,相对更为保守和谨慎。对于农民科技需求的多样化,只要是有利于农村经济发展的科技成果,无论处于哪个层次,都能在农村找到需求对象和市场。

农业部农村经济研究中心利用全国农村固定观察点调查系统,就农民获取农业新技术的渠道,进行了全国性农户问卷调查(见表 3-10),调查结果表明中国的政府农业技术推广体系仍然发挥着重要的作用。据农业部科技教育司副司长白金明介绍,目前农民获取种粮技术主要是向周围的农户学习,高达 61.2%,他们相信眼见为实;其次是电视报刊、技术资料和明白纸等。3/4 的被调查者渴望经常得到科技人员的现场指导,90%以上的农户表示可以听懂或基本听懂农业科技人员讲授的科技知识,95%的认可农业科技人员可以或基本可以解决农业生产中出现的问题[1]。

---

① 记者姚润丰,《云南日报》,新华社 2004 年 11 月 21 日

表 3‑10　农民采用新技术的渠道来源（%）

Table 3‑10　The path of farmer adoption new technology

	2001	2002	2003	2004
邻居	38.6	38.8	28.6	35.3
农业技术推广部门	22.0	23.3	28.1	24.5
电视和广播	9.1	9.4	21.9	13.5
农民协会	1.1	1.4	1.0	1.2
书籍等印刷品	13.8	14.7	8.4	12.3
其他	15.4	12.4	12.0	13.3
调查农户数量（个）	1 012	1 154	1 608	1 258

（资料来源：农业部农村经济研究中心，《农民的技术与市场信息需求调查》，2004 年）

（三）农业产业化经营促使科技需求趋向专业化

在自给自足的小农经济的农户中，农民必须是一定意义上大农业生产中的多面手。农民既要成为种、养、加的多面手，又要能为自己的产品找到市场或是具备加工、贮藏和运输等能力，使农户穷于应付。随着农业产业化经营的不断发展，特别是"一乡一业"、"一村一品"的发展，使农民寻找市场、解决运输和优质品种来源等都有一定的保障。农民在自己的土地上，只要掌握了一定的技术，就能够取得比从前"全面发展"更为实惠的收入，这是农民乐于接受和渴求的。例如：在 90 年代初期，农业科普类书籍大多冠以各类"大全"，农民一册在手，不必东奔西走。而目前这类书籍已经演化为分类单行本，比"大全"更受农民的欢迎，这也反映出农民科技需求的专业化倾向。

（四）取消农业税后促使科技需求的迫切性

农村税费改革的直接受益对象就是农民，因取消农业特产税、免征农业税，一年可减轻农民负担近 300 亿元。在系列惠农政策的支持下，如"三项补贴"政策，农民种粮积极性提高了，农民收入也增加了。湖南省慈利县农民在 2002 年、2003 年增长比较缓慢，分别只有 3.8% 和 2.6%，然而，惠农政策实施的当年，即 2004 年农民收入增幅是近 7 年来最大的，达到 10.7%，为 2 268 元。2004 年湖南省农民人均纯收入达 2 837.75 元，增长幅度为 12.04％，其中家庭经营收入增长 13.13％，其贡献率为 61.45％[①]。增收后的农民迫切需要农业科技的投入，希望在种植、养殖、加工等方面都有所发展。在农业科技推广实践中，由于公益性服务和经营性服务的混合以及各级政府的重视不够，对农业科技推广机构实行自收自支管理，使得许多农业科技推广人员不得不依靠经营性服务来创收，特别是乡镇农业科技推广站。在严格定编和规范职能的基础上，对于从事公益性服务的各级农业科技推广组织未采取全额拨款管理，不能保证农业科技推广工作的正常开展；而对于非公益性服务应交由市场进行经营，但要加强对农资市场的监管，以避免假冒伪劣农资侵害农民的利益[68]。

第四节　新阶段对中国农业科技推广理念、制度、方式与方法变革的要求

上世纪 90 年代以来，中国农业和农村经济翻天覆地的变化，给中国农业科技推广理论和实践的研究提出了许许多多的新要求，这在国外的教科书上和中国传统农业科技推广的经验中是找不到现成答案的。这就要求中国的农业科技推广理念、制度和方式方法依据变化了的形势进行彻底的变革（汤锦如，1998[69]；汤锦如，1999[70]；陈萌山，2000）。

一、要求农业科技推广组织明确职能，科学定位

由于市场经济的利益主体多元化，要求必须明确划分政府、涉农企业、社会组织、农业专业技术协会各自的职能。国家推广体系的主要职责是重大技术引进、试验、示范、推广，提高农民

---

① 数据来源：农业部农村经济研究中心课题组，中国农业技术推广体系调查与改革思路，中国农村观察，2005（2），P46～54

素质，引导农民科学经营，不断增加收入，以及开展直接为履行这些职能服务的技术质量监测（如病虫测报、农资质量监测）等基础工作，引导广大农民走可持续发展道路。农业科技推广的公益性决定了国家兴办推广体系的必要性，而且这是一个长期的基本方针。除此之外，能够由市场机制来配置的公益型和市场结合型、市场型农业科技推广资源需要逐步由市场机制来配置。

二、要求农业科技推广组织面向市场和农民，自下而上开展推广工作

长期以来，中国的农业科技推广工作都是自上而下的工作模式，科技推广是执行上级政府下达的任务，新时期推广工作必须实现目标和重点的转移，即从以增加农产品产量和数量为主转向以提高质量和效益为主，因而必须根据市场和农民的需求开展推广工作，由单纯政府行政干预，转向鼓动农民参与，调动农民学科学、用科学的主观能动性，诱导农民自觉走上依靠科技进步和提高自身素质发展农业和农村的道路。

三、要求推广的方式和方法创新

计划经济与市场经济的一个重要区别是，政府对经济的管理由直接干预转向宏观调控。这意味着，中国农业科技推广在工作方法上不能继续完全沿用传统计划经济的"技术示范＋行政推动"的老办法，要按照诱致性制度变迁的原理，积极探索引导农民自愿变革的新方法，加强对农民的培训，重视培养农民科技示范户和带头人，加强对农民专业协会的工作指导与合作，引导分散经营的农民走向市场，实现小生产与大市场的对接，从而帮助农民不断增加收入，改善生活。

四、要求用世界的眼光来认识和改革中国的农业科技推广

农业和农村经济发展"十一五"规划提出：中国将积极扩大

农业对外开放，加强农业国际交流与合作，进一步扩大农产品国际贸易，加强涉农国际磋商谈判和国际规则制定，提升中国农业的国际竞争力。面对国际市场，中国农产品存在的最突出问题是生产成本高、质量差，小生产与大市场矛盾突出，农业生产的标准化程度低。因此，推广工作需要把降低成本、提高质量和推进可持续发展作为长期的基本任务来抓，加速执法监测工作与国际接轨。一方面，需要研究如何用活 WTO 的"绿箱政策"，通过扶持推广事业来"合法"地促进农业的稳定发展。重点加强对农业技术推广项目、农业科技推广机构基础设施建设的扶持力度，增加对农业科研、教育、推广领域的资金投入，使农业生产的面貌有个新的好转。另一方面，需要研究如何面向国际市场，做好推广工作，提高中国农业的国际竞争力。

第四章 中国农业科技推广供给分析

第一节 中国农技推广体系制度变迁

中国农业技术推广体系的变迁经历了曲折的过程。大致可以划分为"形成期"、"低谷期"、"恢复发展期"和"调整重构期"四个阶段。

一、20 世纪 50 年代初至 50 年代末为形成期

当时，中国农业的基本特征是粮食短缺严重，单产水平低，种植面积小，农业发展的中心任务是尽快提高粮食产量，缓解供求矛盾。农技推广体系的构建也主要是围绕这一目标展开的。1951 年首先在东北、华北地区试办农业技术推广站。1953 年农业部颁布了《农业技术推广方案》（草案），要求各级政府设立专业机构，配备专职人员，逐步建立起以农场为中心，互助组为基础，劳模和技术人员为骨干的技术推广网。1954 年农业部正式颁布了《农业技术推广站工作条例》，对农业技术推广站的性质、任务等做了具体规定。1956 年农业部发出《关于建立畜牧兽医工作站的通知》，要求各省、自治区、直辖市将原来县一级的畜牧兽医事业机构改建为县畜牧兽医站，并建立了一批新站。到1957 年，全国共建农技站 13 669 个，有农技人员 9.5 万人。到20 世纪 50 年代末，初步形成了中央、省、县、乡四级以技术推广、植物保护和良种繁育为主要功能的农业技术推广体系。

二、20 世纪 60 年代初到十一届三中全会召开前为低谷期

这一时期，中国农技推广体系先后遭受两次大的冲击。第一次冲击是在"三年自然灾害"期间，一些地方农业技术人员被下放回乡，农技推广体系基本解体。1961 年 12 月，农业部在全国农业工作会议上提出了整顿三站（农技站、种子站、畜牧兽医站）的意见，开始在县级建立、恢复农业技术推广站。1962 年底，农业部下发了《关于充实农业技术推广站、加强农业技术推广工作的指示》，对农技站的任务、工作方法、人员配备、生活待遇、奖励制度以及领导关系等再次作出明确规定。这一时期，不少县为适应农业生产需要，在农业技术推广站的基础上发展形成了植保站、土肥站、种子站（种子公司）等专业技术站，在指导公社农技站、推广新技术成果、培训乡村干部、传播农业技术、进行农情监测等方面发挥了重要作用。

第二次冲击是在"文化大革命"期间，极"左"思潮对中国农技推广工作造成了很大破坏，大部分地方的农技推广机构工作陷于停滞。为了解决农业生产中的技术问题，有的地方探索成立了一些科技组织。值得一提的是湖南省华容县于 1969 年开始创建的"四级农业科学试验网"，简称"四级农科网"，即县办农科所、公社办农科站、大队办农科队、小队办实验小组。1971 年，湖南全省推广华容经验。1974 年，经国务院批准，农林部和中国科学院在华容召开现场会。到 1975 年，全国四级农科网达1 100多万人。总的看来，在农作物新品种和栽培技术的引进、试验、示范推广上起到了重要的作用，有力地促进了农技推广体系建设，保持了农技推广工作的连续性。

三、20 世纪 80 年代初到 90 年代中期为恢复发展期

该时期，中国农技推广事业适应农业和农村经济发展的需要，加快改革和建设步伐，实现了恢复发展。从体制上看，建立

了"五级一员一户"的新型农技推广体系，实现了推广工作的专业化（政事分设）和综合化（整体化）。在原来的"四级农科网"的基础上，按种植业、畜牧业、水产业、农机化、经营管理等系统建立了从中央到乡镇五级事业性质的推广机构，在村级设立农民技术员和科技示范户。特别是从1979年开始试点的县级农技推广中心建设作用显著。大部分县级推广中心整合了种植业系统内部的植保、土肥、种子等专业，初步实现了推广资源从分散向综合的转变，推广工作的效能得到增强。中共中央1983年1号文件中明确指出："农业技术人员除工资收入外，允许他们同经济组织签订承包合同，在增产部分中按一定比例分红。"《中共中央关于科学技术体制改革的决定》（1985）提出："要推行联系经济效益计算报酬的技术责任制或收取技术服务费的办法，使技术推广机构和科学技术人员的收入随着农民收入的增长而逐步有所增加。技术推广机构可以兴办企业型经营实体。"从推广方式上看，逐步形成了以"技术示范＋行政干预"为主导的方式。即在技术示范和培训的基础上，依靠各级（主要是基层）政府的组织、发动和支持，引导、推动广大农户采纳农业新技术。但随着形势的发展，少数推广机构出现了重经营轻推广的现象。

进入90年代后，特别是1993年7月《农业技术推广法》颁布实施，是中国推广事业发展的重要里程碑，标志着中国农技推广事业开始走上法制化轨道。此后几年，有24个省（区、市）的人大常委会相继颁布了农技推广法实施办法。随后国家对乡镇农技推广机构实行"三定"，明确为国家在基层的事业单位。同时随着农业的发展，各地农技推广机构兴办经济实体的热潮兴起，农技推广体系建设再次出现了新动荡的苗头。

四、20世纪90年代中期至今为调整重构期

90年代中后期，农技推广体系建设的重点主要是"抓稳定"。1996年，为贯彻《中共中央国务院关于"九五"时期和今

年农村工作的主要任务和政策措施》，农业部下大力气落实乡镇农技推广机构的"三定"工作。到 1996 年底，全国乡镇种植业、畜牧、水产、农机、经营管理五个推广系统共有机构 16.6 万多个，定编 75 万人，编内实有人员近 69.7 万人，而在岗不占编的人员超过 30 万人。1998 年 6 月，中办和国办发出《关于当前农业和农村工作的通知》，明确在机构改革中推广体系实行"机构不乱，人员不散，网络不断，经费不减"的政策。1999 年 8 月，国务院办公厅转发农业部等部门《关于稳定基层农业技术推广体系意见的通知》，在地方机构改革即将全面推开的特殊时期，重申了农技推广体系建设方面的有关政策。2000 年 10 月，农业部在京召开全国农业技术推广体系建设经验交流会，围绕稳定和健全农业技术推广体系，总结经验，分析问题，研究改革思路与对策，推动农业技术推广体系更快、更好的发展。到 2000 年底，五个系统的省、地、县、乡四级农技推广机构达到 21.4 万个，实有农技人员达到 126.7 万人。其中乡镇农技推广机构 18.7 万个，实有农技人员 88 万人。这是中国历史上农技推广机构队伍数量的最高峰。

进入 21 世纪，中国农技推广体系建设的重点，从"抓稳定"转变为"促改革"。为配合农村税费改革试点，各地相继开展机构改革。明确要将乡镇设置过多、过散的"站、所"归并成综合性的"农业服务中心"，有条件的地方要走企业化、社会化的路子。《农业科技发展纲要（2001—2010 年）》提出："积极稳妥地推进农业推广体系的改革，大力调动农民、企业等社会力量参与农业技术推广工作，逐步形成国家扶持和市场引导相结合、有偿服务与无偿服务相结合的新型农业技术推广体系。切实解决部分推广人员素质不高和农业生产一线科技力量薄弱的问题。"并提出推广要实行"三化"，即"推广队伍多元化、推广行为社会化、推广形式多样化"。2002 年初，《中共中央国务院关于做好 2002 年农业和农村工作的意见》对农技推广体系改革的思路进一步明确："继续推进农业科技推广体制改革，逐步建立起分别承担经营性服务和公益性职能的农业技术推广体系。为了贯彻文件精神，农业部会同中编办、科技部、财政部就制定改革试点方案进行了调研和协商，并提出试点建议"。①

第二节　中国农业科技推广体系的现状

一、推广体系结构状况

中国现行的农业科技推广由以下三部分组成：

（一）政府主导型农业科技推广组织

这种农业技术推广体系分国家、省、市、县、乡5级。县乡两级的农业技术推广部门，是推广体系的主体，是直接面向农民为农民服务的。在一些地方，县乡农业管理部门和农业技术推广部门密切地联系在一起，有的就是同一机构（图4-1）。

政府依据全省区域主导产业发展和生产技术需求，以政府"五级农业科技推广网"为主，以上级部门下达的项目任务为支撑，开展新技术，新成果、新产品示范推广。政府主导型农业科技成果转移模式一般有三种：一是"政府＋农业科技推广机构＋农户"；二是"政府＋科教单位＋农户"；三是"政府＋企业＋农户"的模式。其经费来源的主渠道是国家财政事业拨款，其次为科技单位自筹、有偿服务、企业资助和社会捐款等多种形式。在管理上，政府负责宏观指导和管理，制订管理办法，出台相应的引导与激励政策，制订推广计划和中长期发展规划，确定总体目标、主要任务和工作重点。这种管理模式与运行机制较为完善，便于政府宏观管理和统一协调。但是，这种模式对政府依赖性强，不能很好地吸纳社会力量和资金，与市场经济衔接不紧密（见图4-2）。

---

① 农业部产业政策与法规司长陈晓华在 2003 年 11 月 20 日农业行政管理体制改革国际研讨会上题为《中国农技推广体系的建设与改革》的研讨内容（部分）。

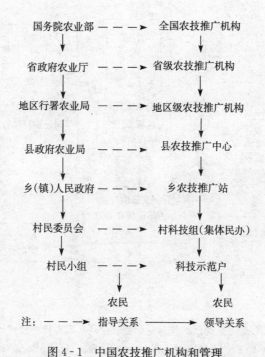

图 4-1 中国农技推广机构和管理

Fig 4-1 Agricultural Technology Extension Organization
and Management in China

（二）民营型农业科技推广组织

1. 以农民专业合作经济组织为基础的农业科技推广组织
合作经济组织以增加成员收入为目的，在技术、资金、信息、生产资料购买、产品加工销售、储藏、运输等环节，实行自我管理、自我服务、自我发展。目前，大多数农业合作经济组织通常不是由农民自发创建起来的，而是依靠外部力量诸如政府、科技机构、农产品供销部门组织的，其中以依赖当地政府农业部门最为常见。

2. 经营型推广组织 经营型推广组织主要指一些龙头企业和科研、教学、推广单位等的开发机构所附属的推广组织。这种

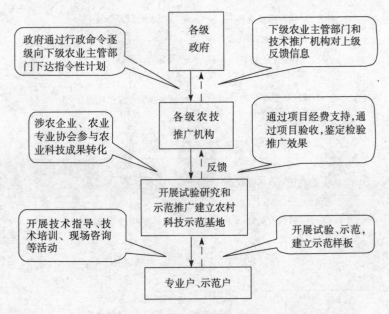

图 4-2 现行的政府主导型农业科技成果转移模式

Fig 4-2 The Current Agricultural Sic - Tech Production

Transfer Mode of Government Type

独立的经济实体一般具有形式多样、专业化程度高、运转灵活快捷、工作效率高、适应农户特殊要求等特点，主要从事那些盈利性、竞争性强的推广项目。经营型推广组织是市场经济条件下的产物，是推广活动私有化和商业化的产物。

（三）私人农业科技推广组织

私人农业科技推广组织指以个人为基础组织的推广队伍。

二、推广主体和职能划分

全国的农业技术推广体系分为国家、省、市、县、乡 5 级。县级以上机构主要行使管理、指导、监督职能。县乡两级的农业技术推广部门，是直接面向农民为农民服务的。现以县乡级推广机构为例，县乡农业技术推广部门属于事业单位，按专业领域分为五大系统：种植业、畜牧兽医、水产、农业机械、经营管理。据农业部统计（杜青林，2003），截至2003年底，县乡两级农业技术推广部门共有人员100.5万人，其中县级占1/3，乡镇级占2/3（见表4-1）。

表4-1　中国县乡农业技术推广队伍人员情况（万人）

Table 4-1　County and Country Agriculture Extension Personnel Circumstance in China

| | 县级 | | | 乡镇级 | | | 合计 | | |
	1999	2001	2003	1999	2001	2003	1999	2001	2003
种植业	16.3	15.1	16.1	22.1	19.4	18.3	38.4	34.5	34.4
畜牧兽医	11.2	10.9	9.3	32.9	24.9	24.4	44.1	35.8	33.7
水产	1.4	1.5	1.7	2.5	2.3	2.3	3.9	3.8	4.0
农机	2.2	2.4	3.2	17.6	10.0	9.6	19.8	12.4	12.8
经济管理	2.5	3.0	3.0	17.1	13.1	12.6	19.5	16.1	15.6
合计	33.6	33.0	33.4	92.2	69.6	67.1	125.7	102.6	100.5

（资料来源：农业部农村经济体制与经营管理司，2004年）

农业部门将县乡农业技术推广职能按性质分为四大类（杜青林，2003）：①法律法规授权或者行政机关委托的执法和行政管理，如动植物检疫，畜禽水产品检验，农机监理，农民负担管理等。②纯公益性工作，如动植物病虫害监测、预报和组织防治，无偿对农民的培训、咨询服务，新技术的引进、试验、示范、推广，对农药、动物药品使用安全进行监测和预报，参与当地农技推广计划的制定与实施，对灾情、苗情、地力进行监测和报告等。③带有中介性的工作，如农产品和农用品的质量检测，为农民提供产销信息，对农民进行职业技能鉴定等。④经营性服务，如农用物资的经营，农产品的贮运销，特色优质农产品生产和品种的供应等。

三、经费状况

全国和省级的农业技术推广部门，一般均为国家的全额拨款单位。经费的来源可以分为两部分：一是固定性经费，年度之间通常没有变化，来自于同级政府的财政；二是项目经费，每年可有较大的变化，取决于项目的来源情况，项目来源可能是国家部门，也可能是省级部门。

县乡两级农业技术推广部门的经费来源情况较为复杂。总的来说，有三个来源：一是来自于同级（主要是县级）财政的固定经费；二是少量不确定的项目经费，一般来源于上级部门；三是各种方式的自我创收，包括经营收入和服务收费。

据财政部统计，在国家农业技术推广经费中，不到10％来自中央财政，90％以上由地方政府负担（国务院发展研究中心，2003）。2004年农业部对全国29个省市区的98个农业社会化服务体系发展监测县的统计结果表明，截止到2003年，51％的县完成了以建设综合性的农业服务中心为主体的乡镇推广机构改革。改革后有近60％的推广机构直接归乡镇政府管理，有近30％的推广机构归县乡共同管理，乡镇农技推广人员的编制数量比改革前减少了37％，由改革前的平均每乡镇23人、下降到改革后的14.5人，下降幅度大大超过了中央20％的精简幅度。并且推广经费的保障程度也明显下降。改革后的乡镇推广机构只有42％实行财政全额拨款，低于未改革乡镇推广机构63％的比例①；相应地，改革后乡镇推广机构自收自支的比例占22％，大大高于未改革乡镇推广机构12％的比例（见表4-2）。

具体到各业推广机构可以清楚地看到，除了农业机械化推广机构的财政全额拨款比例比改革前上升了近11个百分点以外，其他各个推广系统的财政经费保障都明显下降（见表4-3），其中最突出的是水产业，全额拨款的推广机构的比例比改革前下降了近36个百分点；畜牧业也下降了近24个百分点，种植业推广

---

① 杜青林，《中国农业和农村经济结构战略性调整》，中国农业出版社，2003年。

机构全额拨款比例也由原来的 75％ 以上下降到目前的不足 60％。

表 4 - 2 农业部 98 个农业社会化服务体系监测县乡镇推广

机构财政拨款情况

Table 4 - 2 98 Service System of the Agriculture Examine County in Ministry

of Agriculture County and Town Extension Organization Public

Finance Appropriation Circumstance

	已经改革的乡镇推广机构（1）	未改革的乡镇推广机构（2）	改革与未改革的相比较（1）－（2）
全额拨款机构的比例％	42.4	63.3	－20.9
差额拨款机构的比例％	34.7	24.6	10.1
自收自支机构的比例％	21.8	12.1	9.7
其他形式机构的比例％	1.1	0	1.1

表 4 - 3 农业部 98 个农业社会化服务体系监测县

乡镇推广机构全额拨款情况

Table 4 - 3 98 Service System of the Agriculture Examine County in

Ministry of Agriculture County and Town Extension

Organization Full Public Finance Appropriation

	改革前全额拨款比例（1）	改革后全额拨款比例（2）	改革与未改革的相比较（2）－（1）
种植业推广机构％	75.2	57.9	－17.3
畜牧业推广机构％	34.8	10.9	－23.9
水产业推广机构％	62.0	24.1	－37.9
农机化推广机构％	12.6	23.3	＋10.7
经营管理机构％	91.3	63.6	－27.7

（资料来源：农业部农村经济体制与经营管理司，2003 年）

四、供给主体职能发挥情况

如何准确地评估农业技术推广主体的职能发挥情况，关键是标准的选取较为困难，尤其是在公益性服务领域。可以考虑的方法有三种：①推广主体的主观判断和自我认定。从调查情况看，推广主体对现状的自我判定还是较为客观的，既肯定了成绩，也强调了困难、不足和问题。②服务对象即农民（生产者）的反馈意见。农民的满意度是一个很重要的判定指标，但也不是绝对的，因为这同样带有一定的主观性，希望和愿望总是超过客观可能性。③客观指标，如生产的增长、产品质量的提高等。但是，影响这些指标的因素很复杂，很难弄清这些结果与技术推广的因果关系（柯炳生，中国农业技术推广体系调查与改革思路，2004）。但是，中国农业科技成果转化率和科技进步贡献率的数据足以说明职能发挥的情况，还有很大潜力可挖。

五、农业推广专业体系划分

中国农业科技推广经过 40 年的发展，已经形成了以专业技术推广部门为主体、专群结合的多元化大系统，国家农业部下设农业技术推广站（中心）等推广机构，负责组织、管理和实施全国各级农业科技推广工作（见图 4-3）。作为中国农业技术推广

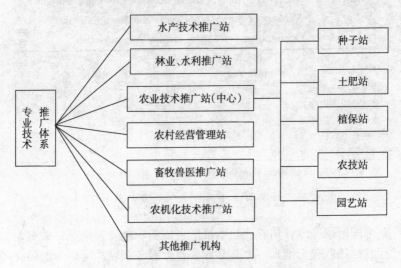

图 4-3 政府主导型推广组织体系的横向结构

Fig 4-3 The Horizontal Structure of Government
Type Extension Organization System

的中坚力量是政府兴办的前七大专业技术推广体系。目前，中国农业科技推广体制大致可分为以下 8 个推广体系。

（一）种植业技术推广体系

目前中国共有农技推广机构 5.1 万多个，农技推广人员 38.54 万余人。中央一级为全国农业技术推广服务中心，省级为省农技推广中心或分立的农技推广、植保、土肥、种子等总站。全国共有省级农技推广机构 113 个，职工 3 929 人，其中技术干部 2 672 人，占 68%、县级大部分为农业技术推广中心，共有机构 7 761 个，职工为 152 898 人，其中技术干部 83 331 名。占 54.5%。此外还聘用 3 147 名农民技术员；乡（镇）设置农技站，共有 4.2 万多个乡（镇）农技站，职工 19.8 万人，其中技术干部 82 807 人，占 41.8%，此外还聘用农民技术员 68 090 人。全国约有 20% 的村设有农技服务组织，共有 103 万名农民技术员，还有 660 万科技示范户。

（二）畜牧业技术推广体系

全国共有畜牧兽医机构 5.6 万多个，48.3 万多职工。在中央一级设全国畜牧兽医技术推广总站；省级站 203 个，职工 8 909 人；地（市）级站 1 298 人，职工 20 535 人；县级（中心）站 8 824 个，职工 108 509 人；乡（镇）级有畜牧兽医站 46 249 人，职工约 34.5 万人；村级有近 60 万名畜牧兽医推广员。

（三）水产技术推广体系

全国共有水产技术推广机构 17 638 个，水产技术推广人员 4 346 人，其中技术人员 26 906 人。占 61.9%。其中省级水产技术推广机构 36 个；地（市）级有 355 个；县级有 1 875 个；乡（镇）级有 15 389 个。此外还有农民技术员 13 347 人。

（四）农业机械化技术推广体系

在农业部设农业机械化技术推广总站。全国共有推广机构 4.1 万多个，技术推广人员 272 462 多人。省级设农业机械化推广站 29 个。职工 461 人，其中科技人员占 75%。地（市）级农机化技术推广站 164 个，职工 1 856 个，其中科技人员占 67%。县级农机化技术推广站 1 817 个，职工 14 085 人，其中科技人员占 57%。乡农机化技术推广站 39 087 个。人员 255 866 人，其中国家职工 97 159 人。占 38%，此外还有 180 484 个村有农机技术服务队，有 70 多万技术服务人员。

（五）农业经营管理体系

在农业部设农业经营管理总站。全国共有机构 46 170 个，职工 168 871 人，其中国家干部 103 185 人。省级设机构 46 个，地（市）级机构 385 个，县级经管机构 2 865 个，这三级共有国家干部 29 112 人。乡镇设经管站 42 874 个。职工 139 759 人，其中非国家干部 65 686 人，占乡镇经管人员总数的 47%。

（六）林业、水利推广体系

全国林业系统共有基层林业站 3.7 万多个，职工 15 万多人。主要分布在县、乡两级。水利系统的推广机构包括小水利和工程管理、水利水保技术指导、管水及排灌服务组织等。共有机构 4.8 万多个，人员 87 万多人，但民办人员比例较大，约 40 多万人。

（七）其他推广组织

农业院校、科研单位和一些工贸企业，为了推广新成果或推销产品、收购农产品，也进行一些技术推广工作。这支队伍的人数很难统计，但据农业部 1995 年秋季调查百县百村 300 户问卷，在"来你村进行技术培训或讲座的是哪个单位？"提问中，答农技站的 79.9%，学校及其他单位的 14.5%，农民技术协会的 5.1%。供销社的 0.5%。由此可见，学校及科研单位的技术推广也起着不小的作用。

（八）农技协（研究会）系统

目前有近 15 万个专业技术协会，入会农户 500 多万。约占全国农户总数的 2%。这是一支日趋壮大和完善的农技推广生力军，是官办专业技术推广体系的重要补充和完善。可有效地弥补基层力量的不足。

第三节　现行农业推广体系的主要特点和供给状况

一、主要特点

中国现行的五级农业科技推广体系，与世界其他国家的农业科技推广体系相比，具有以下特点[64,71,72,73]：

（一）政府直接领导下的农业科技推广

政府除了制定有关农业科技推广发展政策外，还直接负责制定农业科技推广项目计划，并组织实施，对国家农业科技推广机构的人、财、物进行管理，国家财政是农业科技推广经费的主要来源和依靠。各级政府农业科技推广组织是构建这一体系的主体，从国家级、省级、地级、县级、乡级到村级是一种自上而下的行政领导关系，科技的推广过程也是从全国农业技术服务中心到村综合服务站的层层递推关系（见图4-4）。

（二）农业科技推广属狭义的农业技术推广

一般是指通过试验、示范、培训指导以及咨询服务等，把农业技术普及应用于农业生产产前、产中、产后全过程的活动，注意实用技术的应用推广，忽视了农民整体文化素质和生活水平的提高。

（三）以国家农业科技推广机构为主，多部门协作的农业科技推广

在中国，乡以上农业推广机构属国家推广机构。该机构比较健全，推广人员多，是农业技术推广的主力军。除此以外，科研、教学、科委、科协、生产资料和一些以服务为主的群众性组织也从事有关的农业科技推广工作。

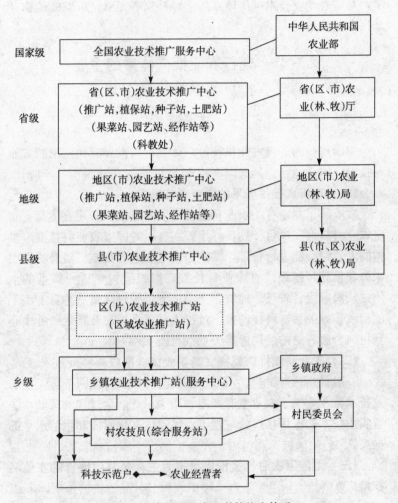

图 4 - 4　中国现行农业科技推广体系

Fig 4 - 4　Current Agricultural Sci-Tech Extension System in China

二、供给状况

经过 50 年的发展和变迁，全国已经形成了从中央到省、地、县、乡、村多层次、多功能的农技推广服务体系。到 2002 年初，种植业、畜牧兽医、水产、农机化、经营管理五个系统的全国县乡两级共有推广机构 17.32 万个，其中乡级 15.15 万个，县乡两级推广机构实有农技人员 102.42 万人，其中乡级 69.4 万人。通过他们长期坚持不懈的努力的扎实有效的工作，推广了一大批先进、适用的农业新技术、新品种、新工艺和新方法，促进了农业生产的改进和农民收入的提高。如国家自 1987 年以来实施的丰收计划，每年投入大量的资金用于推广全国农、牧、渔等业先进、适用、成熟的科学技术 100 项左右，仅 2000 年，中央共安排丰收计划专项资金 1.08 亿元，地方政府配套资金 22.97 亿元，新增总产值 577.06 亿元，新增纯收益 181.64 亿元。同时，开展技术培训，提高了农民科技、文化素质，各级农业技术推广机构通过广播电视讲座、现场讲授示范、科技宣传栏、技术咨询点、科技大集、"电波入户"等活动，把科学技术送到千家万户。"九五"期间，全国农技推广机构平均每年直接培训的农民约 1.5 亿人（次），其中，通过实施丰收计划项目，培训农民 1 931.8 万人（次）。另外，政府农业技术推广积极开展了行之有效的农业执法和监督管理工作，为稳定农村基本经营制度、维护农民合法权益和促进农业健康发展发挥了重要作用[74]。但和需求相比，还存在以下问题：

（一）科技需求与供给脱节

按照萨缪尔森 1954 年发表的《公共支出的纯粹理论》一文的界定，农村的教育和科研、农业生产信息和技术服务、农业生产的技能培训等均属于农村公共物品，农村公共品供给缺乏有效的需求表达和供给决策机制。中国农村公共品的供给长期以来是由上级部门来决定，而不是由农民来决定。这样使得农村公共品的供给有时候不是完全针对农村的需求现状。政府在进行农村公共品供给的时候并没有完全调查当地的现状和经济发展状况。同时一些基层官员借公共品的供给之名以争取政绩，热衷于政绩工程，造成公共资源的浪费。一是从事农业技术的各行为主体目标不一致。据市、县推广机构反映，政府和推广部门主要考虑能否完成全年农业计划和任务，工作重点是以增产为主；科研单位围绕政府的意图做项目，对农民和市场需求缺乏了解；农民急需的是既高产又优质和省成本、劳力以及市场价格看好、促进持续增收的新技术。二是农业技术供给和需求信息反馈不灵。目前，推广农业技术的内容和方式仍是由政府、科研和推广机构决定的，农业技术推广仍然是由上而下的推广方式，所推广的技术和农民的需求不全部符合。这不仅阻碍了适用农业新技术的推广应用，使农业科技的潜力得不到发挥，推迟了农业科技进步的速度，而且，使农业新技术不能迅速地传播到农民手中，提高农业综合生产能力的科技普及难度加大。

（二）取消农业税后供给能力将进一步下降

2006 年 1 月 1 日起，中国废止了《农业税条例》，这意味着在中国延续 2 600 多年的农业税正式取消。取消农业税，9 亿多农民直接减轻负担 500 亿元人民币，经济结构、社会结构也会随之发生变革。取消农业税后，农民摆脱了农业税费负担的困扰，干群关系迅速改善，生产积极性得到了极大的提高，对农业科技的需求也非常迫切；然而，农村公益事业建设难度加大，县、乡镇两级政府因财源的丧失而财政赤字增加，难以保障农业科技推广的经费支出，使得农业科技的供求矛盾非常突出。

农业科技具有公共产品的特性，目前中国对农村提供农业科技的主体主要是政府。取消农业税对于县域经济的财政税收结构的影响是最大的，特别是对于许多农业县来说，财政税收中的农业税是很大的比重。农村税费改革前，县级财政收支矛盾突出。如湖南省慈利县财政收支在 2002 年、2003 年、2004 年分别赤字123.31 万元、193.66 万元和 218.44 万元[①]。然而，农业税的取

---

① 数据来源：农业部农村经济研究中心课题组，中国农业技术推广体系调查与改革思路，中国农村观察，2005（2），P46～54

消，县级财政收入将大为减少，而乡镇政府基本上就失去了财源，这样肯定对农业科技推广服务的各项工作造成很大的影响。虽然因农业税的取消，中央政府有一定的转移支付，如 2005 年中央财政向地方财政转移支付达到 664 亿元，然而税费改革之前政府通过农业税、农业特产税、"三提"、"五统"及摊派实际上从农民那里每年要收 1 500 亿～1 600 亿元，两者相比之下，县级财政负担更沉重。这样一来，对于县级农业科技推广中心（站）来说，也会因经费短缺而心有余而力不足；而乡镇农业科技推广站的人员只能从事一些经营性的农业技术推广工作（如销售种子、农药、化肥等），而对于公益性的农业技术推广工作基本上没有开展[68]。

第四节　中国农业科技推广体制弊端分析

中国现行的农业科技推广体制是在 20 世纪 50 年代计划经济体制的背景下产生的，"行政＋技术"的推广模式，使得农业科技推广长时间带有强烈的行政色彩，这种行政式的农业科技推广在解决中国人民的吃饭问题时，立下了汗马功劳，为中国农业和国民经济的发展做出了重大贡献。但这种农业科技推广体制的组织结构，运行方式皆是按计划经济的要求设计和运行的，在市场化进程中不可避免地出现种种弊端[62,70,71,75]。与国外相比较，以政府农业科技推广机构为主体，实行垂直管理，能较好地执行国家农业总体发展计划。但机制缺乏活力，机关行政作风过于浓厚，最突出的问题是体制不适应市场经济发展的要求，科研、教育、推广衔接不紧密。主要问题表现在以下几个方面：

（一）科研、教育、推广严重脱节

农业科研创造知识，出成果；农业教育传授知识，出人才；农业科技推广应用知识，出效益。三者互为因果，相互联系，相互促进，缺一不可，在农业科技系统中处于同等重要的地位；只有把三者有效地结合起来，才能发挥各自的作用。目前，中国的农业科技推广与农业科研、农业教育部门分属不同的政府部门管理，各自独立，自成体系，只有工作上的相互协作，没有机制上的内在联系，相互间协调困难，导致"三农"结合基本上还是低水平的、松散的、随意性的，削弱了教育、科研、推广三者相辅相成的整体功能。

（二）投资机制不健全，资源供给渠道单一，供给量严重不足

长期以来，中国农业科技推广是国家出钱，农业科研院所和高等院校进行研究与开发，农业企业、社会、农民无偿或低偿使用和受益。这就使得投资渠道单一，总量不足[76]。据统计，20世纪80年代以来，中国的农业科研经费占农业总产值的比重一路下滑：1980年为0.27%，1985年为0.17%，1990年为0.12%，而世界银行建议发展中国家的农业科研经费应占农业总产值的1%～2%，且推广经费应高于科研经费。目前中国农业科研经费占农业总产值的比值不到0.25%，而工业化国家在20世纪80年代初就达到0.62%，低收入国家也达0.44%。从推广经费占国内农业生产总值的百分比看，世界上发达国家为5%，平均水平1%，中国目前仅占0.2%，差距相当大。即使如此，近年来中国一些地方政府在机构改革中，还大幅度削减推广事业经费，即所谓的"抽血"、"断奶"，造成相当一部分农技推广组织出现"线断、网破、人散"的局面，农业科技推广投资减少的直接后果就是人才流失，农技人员从事推广时间减少，农业技术推广网络受到较大的破坏。

（三）管理体系不顺，职能发挥不平衡

中国是农业大国，农业科技推广属于官办形式，这种推广体系有利于开展关系国计民生的重大科技成果项目的推广，符合中国国情。但是，新中国成立50年推广工作的实践证明，还有一些不尽如人意的方面。主要体现在推广工作受政府机构变动的影响较大，官僚主义、行政干预现象时有发生，推广人员兼职与推广无关的事情，影响推广工作的开展[18,77,78]。目前，推广工作存在按专业分化的趋势。从中央到地方，形成了各自独立的体系，条块分割，多头管理、机构重复，力量分散，组织创新滞后。虽然政府部门要求县以下农技推广各机构如技术推广、植保、土肥等机构结合起来统一领导，分工合作，但是，其内部仍存在"统"与"独"的矛盾，一些地方还很突出。其结果是推广工作不能形成完整和谐态势。各项技术难以综合用于生产。不能形成强大的合力，推广效果大打折扣，人财物浪费不可避免。

乡镇农业科技推广单位受乡镇政府和县农业局的双重领导，工作中推广人员感到无所适从，很难专心致志从事本职工作。更有甚者，一些乡镇领导从本单位利益出发，不顾大局，抽调农业科技推广人员做与本职工作无关的其他事务；或将农技推广单位的财产、场地强行征用，使推广工作无法进行。

一些县市的农业技术推广中心搞承包经营，基本从事种子经验、农药、化肥的销售。技术培训、教育示范、技术推广工作无法到位，推广工作走形变样。

（四）资源配置结构性失衡

资源配置没有围绕国际公认的黄金分割率的比例，即基础研究：应用研究：开发性研究为 14：24：62 进行资源的动态配置。在发达国家，从基础研究到技术开发，再到产业化，投资的比例是 1：10：100，而中国为 1：0.7：100，用于技术开发的资金明显不足，而技术开发则是提高科技推广率的关键，中国农业科技开发投资也大抵如此。此外，推广重点过分偏向农业产中技术指导，而产前、产后和加工技术指导薄弱。

（五）农业科技推广率低

受体制上的约束，一方面中国农业科研机构属于国家事业单位，在体制方面与农民没有必然联系，因此许多农业科研项目并不是农业发展所急需的，从文献中找研究课题的现象比较普遍[79,80]。另一方面，一家一户的农业无力支持科研人员研究农业急需的课题，也无力将最新农业科研成果应用于农业生产实践中。在行政式农业科技推广工作里，因使用强制性手段提早增加创新采用人数，在经济较为落后，人的素质较为低下，领导和技术人员素质较高的情况下极其有效。目前，行政性的农业科技推广模式在中国经济落后地区，在公共技术的推广方面仍然极其有效，这一点不容置疑。但是，在使用行政权威时，因没有注意到农民的动机，一旦这种行政措施撤离，或者农民产生抵抗情绪后，扩散曲线开始减退到达图 4-5 中所示的 T_1 点时，外部影响下的扩散率反而比自动改变状况下的扩散率低（见图 4-5）。

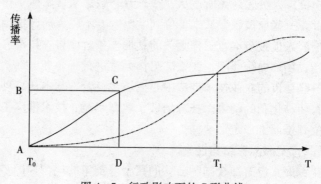

图 4-5　行政影响下的 S 形曲线

Fig 4-5　The S Curve under the Influence of Government

（六）推广人员数量庞大、队伍不稳，文化素质低、知识结构老化

做好农业科技推广，人才是关键。由于推广人员工作艰苦，尤其基层工作人员待遇低，基本生活、工作条件差，难以保证维持正常生活，造成人心涣散，跳槽或改行现象时有发生。基层推广人员知识结构相对专一、老化，缺少培训、进修、提高的机会，很难适应当今飞速发展的科学技术对推广工作的要求[80,81]。有资料显示，到 1997 年底，中国建立农业技术推广机构 16.6 万

多个。乡镇农技推广机构定编人数 75.3 万名,实有在编人数 69.8 万名。一般认为,推广人员年减员 4%(自然减员和离开推广工作)较为合理,在农业发展较快的 1988 年前后,中国的推广人员年减员达 8%,目前的形势更不容乐观。以陕西省农技推广总站为例,1995 年总数为 25 人,到 1999 年,已调离 8 人。

(七)经费严重不足,开展工作困难

表 4-4 展示了政府农业技术推广部门的经费变化和构成情况,从中可以看出以下几点:①1990—1999 年,国家用于农技推广的经费增加了 2.3 倍。但是,这并不意味着推广部门的经费情况有了改善。因为同期全国的工资水平发生了大幅度的上涨,其中国家职工的工资增加了 3.7 倍,而城市所有职工的工资增加了 3.9 倍(国家统计局,2003 年)。由于工资的增加幅度显著高于推广经费的增加幅度,所增经费都用于增加工资还不足,用于推广活动的经费更少了。②自我创收的部分增加很快,所占比例已上升到 17%,部分弥补了国家拨款的不足。③根据表 4-2 和表 4-3 所列数据进行推算,1999 年农业技术推广人员的人均经费数额仅为 6 800 元。那么,绝大部分经费是用于人头费(工资)了,因为 1999 年国家职工的平均收入是 8 543 元,所有城市职工的收入是 8 346 元(国家统计局,2003 年)。

表 4-4 中国政府农业技术推广部门的经费变化情况(百万元)

Table 4-4 Agricultural Extension Department Outlay Changes Circumstance in Chinese Government

	财政拨款	自我创收	合计
1990	2 132	7	2 139
1991	2 371	8	2 379
1992	2 589	10	2 599
1993	2 884	28	2 912
1994	3 484	27	3 511
1995	4 206	40	4 246

（续）

	财政拨款	自我创收	合计
1996	5 130	70	5 200
1997	5 509	238	5 747
1998	6 330	1 502	7 832
1999	7 047	1 492	8 539

（资料来源：国务院发展研究中心，《中国政府支农资金与管理体制改革研究》，2003 年）

第五节　软科学研究成果推广应用的现状和问题

一、软硬科学发展失衡

中国古代的科技成果以软科学为主，主要是推广传授"修身、齐家、治国、平天下"的儒学思想，有限的自然科学成果只能被散布在哲学、人文等著作中，并随之传开。16 世纪以后科学教育发展起来，自然科学才分离出来并自成体系，并出现了许多科学研究成果并被广泛应用，如李时珍（1518—1593）的《本草纲目》、徐光启（1562—1663）的《农政全书》、徐霞客（1586—1641）的《徐霞客游记》和宋应星（1578—1662）的《天工开物》等，极大地促进了社会进步。到 18 世纪，自然科学在世界技术革命的推动下的到迅速发展，很快超过了软科学的地位。发展到后来，中国曾流传过"学好数理化，走遍天下都不怕"的说法，足见其地位之高。直至目前，尽管软科学研究已经起步和发展，但这种"欺软怕硬"的不平衡的现状依然广泛存在[82]。

二、软科学研究成果推广存在的问题

（一）重视程度不够

在人们的观念上有一种这样的认识：自然科学是生产力，社会科学不是生产力，所以加强自然科学研究理所当然，社会科学研究则是可有可无的软任务。在这种观念支配下，不少高校和研究机构出现了强调自然科学研究，忽视社会科学研究的倾向。不可否认，自然科学为社会服务的经济效益是明显的，强调自然科学研究本无可非议，但忽视社会科学研究则是有害的。自然科学是生产力，社会科学也是生产力（准确地说是"精神生产力"），其对社会发展的功效虽是隐性的，但同样是巨大的，在特定时期甚至比自然科学的功效还要大。例如北京大学马寅初教授的人口增长与控制理论若当时就被应用，中国目前的人口至少会少出生3亿人，政府就不会现在就将粮食安全问题提上议事日程；而袁隆平研究员研制的高产杂交水稻，若按适宜种植面积 100%推广，仅能解决 3 000 人口的吃饭问题。自然科学强国，社会科学治国，必须把二者同等重视起来，再也不能厚此薄彼了。

（二）资金投入严重不足

软科学研究本是投入小、效益大的科研活动。但许多人片面的认为软科学研究一不要试验仪器设备，二不要产品中试生产，写成论文或报告，就是研究成果，不需要多少经费投入。但是实践证明，每一项软科学成果甚至一个新观点的形成无不凝聚着科学家们长年的知识积累和长年的调查实践研究，没有经费保障是无法做到的。可喜的是，目前各级科研管理部门的软科学研究经费投入有所回升，但是所占比例，各地大小不一，高的已达 10%以上，低的不到 1%。总的来看，目前的投入远不能满足软科学研究工作发展的需要。

（三）推广渠道不畅

软科学研究成果推广和硬科学推广一样是一项复杂的社会系统工程，同样受到成果供给系统（供体）、推广转化系统（载体）和成果接受应用系统（受体）三个因素的制约。广大的社会、人文、管理科学研究者是推广供体，一方面许多研究成果得不到社会的承认而束之高阁，"规划规划，胡写乱画，墙上一挂"说的就是对规划或报告类研究成果的一种漠视；一方面许多迫切的研究课题得不到深入细致的研究，例如"三农"问题、西部生态环境重建问题等。其次，载体也很不完善，如果可以将一些政策研究、咨询机构可暂称之为软科学推广机构，将其中的工作人员称之为推广工作者，那么目前还没有一本类似《农业推广学》的《软科学推广学》产生，也没有专门的软科学推广机制和机构网络[77]。另外，推广难度最大的环节还在于受体，因为软科学的研究成果不是产品可以销售，不是技术可以入股，它主要是为政府和社会的决策和咨询提供一些建议、规划、实施方案、新观点、对策（措施）等，它所产生的效果主要是决策者政策的变化、人们认识水平的提高以及人们行为模式规范，因此它的推广对象要么是一些操纵大权的决策层领导，要么是数量众多、地域广泛、参差不齐的社会大众。

第五章 世界农业科技推广体系经验与借鉴

第一节 世界农业科技推广体系的基本类型

由于各国的政治、经济、文化背景各异，以及农业发展的阶段性，农业科技推广的形式、内容、措施都存在着很大的差异，形成各自不同的农业科技推广体系和组织形式[70,72,75,83]。但不论怎样变化，各国的农业科技推广都适合本国的实际情况，促进了农业经济的发展，促进了人类的文明和进步。

农业推广体系是农业科技推广的组织协调和运行顺畅的重要条件。能否建立一个适合本国国情和适应当地风俗习惯、自然条件的农业科技推广体系，对搞好农业科技推广工作有着至关重要的影响。目前，世界上有关农业科技推广体系分类的方法很多，依据推广组织的隶属关系和工作基础将其分为以下 6 大类[30,84,85]。

（一）以政府农业部门为基础的农业科技推广体系

这类推广体系，其机构隶属政府农业部门的直接领导，农业部下属的推广局和推广站（中心）负责组织、管理和实施全国的农业科技推广工作。各级地方政府在农业行政部门都设有自己的推广机构。中国和日本等采用这种组织体系。印度和澳大利亚采用政府领导、科研单位参与推广的推广体系。荷兰实行政府与地方农民合办的农业推广体系，即由国家推广系统、农协组织及商贸系统的私有咨询服务系统组成，农渔部负责教育、科研、推广的宏观调控。泰国实行政府管理的农业技术推广体系，从中央到地方各级政府都设有农业科技推广管理组织，形成一套完整的体系。

这种组织体系，有较稳定的推广咨询服务队伍，有正常的活动费用，有较好的推广教学条件。对农民多是提供免费咨询服务，能较好的执行国家农业总体发展的计划，同时也便于同其他领导部门、支农行业联合协作，开展农村综合开发服务。但是，由于推广机构的人员常身兼政府工作人员和推广人员双重身份，在执行政府的农业科技推广计划时，容易产生机关化和行政命令作风，不能很好地根据农民的实际需要提供咨询，时间和精力常受政府行政事务的干扰，不能得到保证。

（二）以农业教育机构为基础的农业科技推广体系

这类推广组织体系在农业教育机构建立农业科技推广站（中心），由大学的推广部门负责组织、管理和实施基层推广工作，并在各县设有推广站。其特点是农业教育、科研、推广三位一体，实行统一领导，使三者有机地结合起来，如美国。

（三）附属性的农业科技推广体系

推广组织附属于一些商品生产组织或一些开发机构，其特点是推广目标范围较窄，是为了有效地生产售价较高的商品；推广职责范围包括为农民提供有关的研究、推广、投入应用以及商品市场等方面的服务。

（四）非政府性质的农业科技推广体系

推广组织机构隶属于一些协会和宗教组织，如英、法等国农民协会和一些宗教组织经常从事社会经济和家政等方面的推广工作。其特点是协会选择咨询人员，咨询人员总是自己当作协会的成员，其工作向协会负责。与政府的推广咨询人员相比，农协咨询人员不很关心政府的任务，推广内容和项目由农会决定，提供的是农民感兴趣的及对农民直接运用的技术和信息服务。

（五）私人农业科技推广体系

这类推广组织体系是一些私人企业为推销产品或以收取费用为目的，由个人组建的推广机构。如荷兰的农商业公司。这类推广组织体系，适应了农民的需要，避免政府推广机构某些弊端而存在的，一般服务态度良好，服务内容针对性强，但咨询费用较高，通常采用合同推广的方式。

（六）其他形式的农业科技推广体系

这类推广组织体系是指在欧洲一些国家的青年组织和妇女组织。他们以农村青年和妇女为推广对象向他们推广一些实用的农业技术，生活、保健等知识。

第二节　世界农业科技推广的发展趋势

（一）政府兴办农业推广占主流地位，管理职能呈下降趋势

农业是国民经济的基础，具有重要的战略意义。为了保证国内粮食等主要农产品的供应，即食物安全，世界各国都以政府办的农业科技推广组织作为主体。在一个国家，不是只存在一种推广组织体系。而是以一种体系为主，兼有其他的推广组织体系。据世界粮农组织（FAO）对175个农业推广组织在全球89个国家收集的资料分析，以政府农业部为基础的农业推广组织体制约占81%，以大学为基础的占1%，附属性的占4%，非政府的推广组织体制占7%，私人占5%，其他类型占2%[85]。说明以政府农业部门为基础的推广组织体系是当今农业科技推广组织体系的主流[72,85]。但是，政府在农业科技推广的职能将在有偿服务开展后一段时间被弱化。

（二）政府财政支持是推广经费的主要来源

世界上许多国家通过立法，确立农业科技推广事业和推广机构的法律地位，也保证了推广经费的来源。据联合国粮农组织调查，全球农业科技推广经费呈逐年上升趋势。目前约为60亿美

元,平均每个推广员经费为 1.1 万美元。农业科技推广经费占农业总产值的比重世界平均为 0.5％。如美国的农业科技推广经费由农业部承担20％～25％,州政府承担 50％,县政府承担20％～25％,私人捐款仅占一小部分。英国的各级农业推广组织的经费开支均由各级政府提供。近年来,农业科技推广投资出现了多元化趋势,农业科技推广组织重视自我积累,除了社会、团体、企业,甚至慈善机构的投入外,对推广服务实行直接收费的做法不断增加,特别是经济合作与发展组织(OECD)成员国,它们中多数成员至少有 20％的推广经费来自直接收费。

(三)农业科技成果有偿转化的趋势

单一的推广模式不再适合越来越复杂的农业经济发展,这就要求各种推广模式进行优化组合,共同发挥作用。农业教育机构将继续发挥其原动力的作用。对于高新技术的推广可以采用有偿服务的信息咨询模式、技术转让模式、高新技术开发、技术辐射模式,完善相应的技术市场和市场机制,如目前采用的"公司＋农户"、"民间组织＋农户"的多元化组织模式,或者类似于"公司＋协会＋农户"式的各种组合模式,这些模式的服务方式的多样化且不断增加有偿服务方式,逐步形成城郊型、外向型、市场化、产业化的农业新格局(陈良玉,高启杰)。

(四)农业经济合作组织发展势头强劲

近年来,农业合作经济组织已成为世界各国,特别是西方发达国家农村经济的重要组成部分,在提高农民组织化程度,保护农民利益,增加农民收入,促进农业发展,加速农业现代化进程等方面起着举足轻重的作用[76,86]。据法国农业部统计,1998 年,法国有 13 000 多个农业服务合作社,约 4 000 个合作社企业,90％以上的农场主是农业合作社的成员;日本目前共有综合农协2 500 多个,专业农协 3 513 个左右,全国 100％的农民以及部分地区的非农民参加农协，现有正式会员 550 万人左右，准会员约 350 万人。瑞典 90％的农民是农民联合会成员，在与农业和食品有关的加工、营销等领域，合作社的市场占有率分别是奶业 99％、牛肉 79％、猪肉 81％、粮食销售 70％、混合饲料 80％、原材料 80％。

（五）狭义的农业科技推广正逐渐被现代农业科技推广所取代

传统的以改良农业生产技术为手段，以提高农业生产水平为目标的狭义农业科技推广正转向广义农业科技推广。如美、日等通过地方志愿者，德国政府以通过官方推广咨询机构，以改进农民家庭的生活条件，提高其生活水平为目标，根据农家及企业的需要，面向全体农民开展全方位的无偿服务。

第三节　发达国家农业科技推广的特点

在发达国家中，以美国为代表的农业科技成果推广率已达 80％，农业科技对农业总产值的贡献率达到 75％以上。中国农业科技成果转化率和农业科技对农业总产值的贡献率在 35％左右，产生这些差距的主要原因在于各自农业科技推广方面的差异，现简单介绍部分国家农业科技推广的主要特点。

（一）美国

通过立法程序建立了一种独具特色的以大学为基础的农业合作推广体系。其基本思想是"通过把农业教育机构带给人们而达到帮助人民帮助自己"的目的，特点是实行统一领导，有效地实现了农业教育、科研、推广三位一体的紧密切合，较好的解决了三者的脱节问题，促进了科研成果的迅速转化[71,72,73]。由于在美国缺乏一个对农业科技推广发展行使全面宏观管理的权威机构，农业科技推广缺乏连贯性和一致性，表现出分散和松弛性的特点。

(二) 德国

农业科技推广是政府、农会、私人咨询机构并行的农业科技推广制，政府咨询机构为全体农民和农业企业主服务，在联邦食品农林部设农林教育咨询处。推广咨询的主要范围是，生产、企业管理、社会经济、家庭经济与家政和市场营销方面。德国的农业科技推广实际上是农村综合咨询，这种模式是农业科技推广发展到一定阶段的必然产物。

(三) 英国

农业部领导的农业开发咨询服务推广体系，以开发咨询为主要特点，既有国家的宏观组织领导，又有比较健全的咨询服务机构的服务体系，能很好地为农民提供信息、进行咨询、帮助决策和解决生产中存在的问题。

(四) 以色列

农业科技推广服务体系主要由政府农技推广、私营农技推广、农业专业协会、农业教育培训机构等推广系统组成。

(五) 荷兰

国家和农民合办的推广体系，国家推广机构起主导作用，协调农会、私人企业和其他合作推广组织，共同开展农业科技推广工作。

(六) 印度

农业教育机构实行科研、教育、推广三结合，学校正规教育和推广教育是平行的，以便最大限度发挥学校潜力，为农村经济发展服务。教育、科研和推广三项工作由学校统一组织和管理，并把推广与教育、科研同等看待，纳入学校的工作计划，统一布置、组织和落实[87]。

(七) 泰国

农业科技推广，以培训访问体系功能为主要特点，在农业合作部的领导下对农民进行实地指导、定期访问、培训、提供咨询和帮助，并向上级反映农民的要求和愿望。

第四节　美国政府和农学院的农业合作 推广体系

一、美国农业科技推广概况

美国的人口占全世界人口总数的 4.5％左右，但是它生产的主要农产品，一般要占全世界总产量的 20％左右。近几十年，美国的农业劳动生产率一直超过欧盟各国，是全世界最高的。2001 年，美国的农业经济活动人口为 304 万人，占美国同年全部经济活动人口的 2.2％，占全国总人口数量的 1.1％。同年，全国有农场 217.2 万个，平均每个农场的土地面积为 175.6 公顷，平均每个农场只有 1.4 人进行生产和经营，每个农业活动人口经营土地 125.4 公顷，为世界之最。

美国的农业之所以有如此之高的劳动生产率，根本原因之一是它有一套协调高效的农业科技推广体系，从而使现代农业科学得到广泛而又大规模的推广应用。在近几十年的农业发展过程中，美国以农业机械、计算机、卫星遥感、转基因等九项技术为应用重点，大面积、大范围的推广应用农业新技术，取得了良好的成果，引起了全世界的关注，对全球现代农业科学技术的进步产生了极其重要的影响。

美国通过国会立法建立了一套完整的、独具特色的合作推广体系[30,85,88]。1776 年美国独立后，随着农业开发和农业资本主义经济的日渐发达，对农业教育、农业科学试验和农业科技推广的需求日益迫切，相继通过立法程序，建立农业教育、科研、推广相结合的合作推广制度，使美国的农业科技推广迅速兴起。例如，1862 年 7 月 2 日，美国总统林肯签署了《莫里哀法》(Morrill Act of 1862)，亦称赠地学院法 (Morrill land, Grant College Act)。该法案规定：拍卖拨给各州一定面积的联邦公有土地来筹集资金，用于每州至少成立一所开设农业和机械课程的州立农学院，负责本州的农业教学、科研和推广工作，促进了农业教育的普[89]。1877 年，美国国会通过《哈奇法》（Hatch Act of 1877）。该法规定：为了获取和传播农业信息，促进农业科学研究，由联邦政府和州政府拨款，建立州农业试验站。试验站属美国农业部、州和州立大学农学院共同领导，以农学院为主的农业科研机构。1884 年，南伯（S. A. Knapp）担任艾奥瓦州农学院院长，后任美国农业部长，强调通过亲自实践来学习，通过示范教育，让农民根据自己农场条件进行耕种。1903 年他亲自在得克萨斯州创建合作示范农场，推广良种和新技术；后来被美国人称为"美国农业科技推广之父"[90]。1914 年 5 月 8 日，威尔逊总统签署了《史密斯-利弗法》（Smith-Lever Act）即合作推广法。该法案规定：由联邦政府拨经费，同时州、县拨款，资助各州、县建立合作推广服务体系。推广服务工作由农业部和农学院合作领导，以农学院为主。这一法案的执行，奠定了美国赠地学院教学、科研、推广三位一体的合作推广体系。它注重发挥大学基础知识的作用，针对农业生产中存在的问题，运用农业教育机构知识，为人们提供有用的信息、教育和解决问题的项目，并鼓励人们在生产实践中推广应用。具体做法是在农业教育机构建立农业科技推广部（中心），负责组织、管理和实施基层农业科技推广工作，并在各县设有推广站（基地），在全国形成了一个庞大的教育、科研和推广协作网。其中包括 130 多所大学、59 个农业试验站、63 所林学院、27 所兽医学院及多数县级农业技术推广站[91,92]。

二、美国农业科技推广体系

（一）农业科技推广机构

美国的农业科技推广体系是一个立体结构，它主要由联邦农技推广局、各州农业技术推广站、县推广办公室和农学院四个层次组成，而且每个层次的农业技术推广机构都有适合其特点的组织结构模式。

1. 联邦政府农业部的推广组织机构　联邦农业部是农业科技推广的最高管理机构，设置农业推广局主管全国农业科技推广工作。州推广站在美国的农业推广体系中居核心地位，而其主体则是广泛分布在全国 3 150 个县的农业推广室。它们既相互独立，各负其责，又密切联系，保持沟通，共同组成了覆盖 200 多万个农场的技术传送服务网络。联邦农业推广局的主要职能是执行有关农业推广的法律和规章，并进行管理，以保证合作推广代表的州农业技术推广机构是美国农业推广体系的主体。联邦政府每年拨款资助各州推广项目，经费一部分是按固定的比例分配，由州政府直接管理使用，其余拨给专项课题。农业部还同联邦政府各有关部门保持联系，协助推广项目的完成，批准州级农业科技推广机构的人事任命，同州政府协调推广计划和督导检查推广计划的执行情况（如图 5-1）。

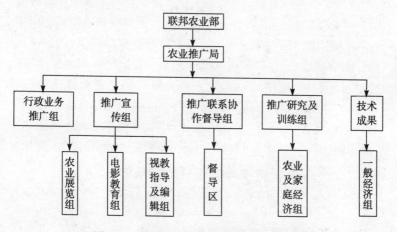

图 5-1　美国联邦农业部的推广组织机构

Fig 5-1　The Extension Organization of Federal Ministry of Agriculture in American

2. 州级农业科技推广组织机构　美国 50 个州和哥伦比亚特区及波多黎各、关岛、维尔京群岛各设有一个州级农业技术推广

站。州合作推广站归属于各州赠地大学农学院。州农业技术推广
站的主要职能是帮助县推广办公室履行其职责，补做那些县推广
办不能做的事情，包括组织推广服务工作，选聘县农业技术推广
人员及对他们进行培训和管理，制订州推广计划，评估推广工作
业绩，分配推广资金，协调赠地大学和县推广办公室的工作，在
需要时向县推广员提供技术和信息方面的帮助，并给予指导。州
农业科技推广组织的主要任务是，制订和执行州的推广计划，推
广新的科研成果，负责对全州推广人员的管理和培训，同试验站
和县级农业科技推广站保持联系。州合作推广站既是各州推广工
作的组织者、管理者，又是各州农业技术推广计划的具体实施
者。它上对赠地大学农业学院和农业部推广局负责，下对本州农
场及公众负责，是美国合作推广体系的真正核心[88]。各州农学
院的推广组织机构不相同，一般的情况如图 5-2。

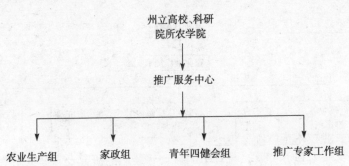

图 5-2　美国州农业科技成果转化机构

Fig 5-2　Agricultural Sci-Tech Production Convert Organization

State in American

　　3. 县级农业科技推广组织机构　县级农业科技推广组织机
构是推广站或办公室，一般设在县政府所在地，是联邦农业局和
州农业科技推广中心在地方的代理机构。推广站除配有专家外，
还有秘书，并配备推广教学设备及交通工具，其主要任务是根据
州的推广计划结合本县实际情况，制订本县推广计划，并负责在

全县落实推广工作。县级推广员受州立农学院领导，并以联邦农业和州立农学院工作人员的身份，在全县范围内开展工作。这些推广人员的罢免，均需取得州立农学院和农民团体的同意。县级农业技术推广机构是农业技术推广合作体系的最基层组织，也是该体系与农场主直接相联系的点，正是它们在这里制订具体推广计划并实施农业科技的推广教育工作。联邦推广机构和州推广站之所以存在，就是为了支持在县这一级向公众提供实用知识和技术信息。据统计，目前美国专业推广人员中，70％以上都是在县一级开展工作。

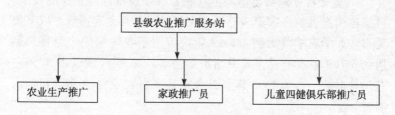

图 5-3　美国县级农业科技推广组织机构

Fig 5-3　Agricultural Sci-Tech Production Convert Organization

County in American

4. 农学院专业推广　美国的大学农学院，都集教育、研究和农业技术推广于三位一体，内部都设有农业技术推广中心，下设多个专业办公室，有许多的专职和兼职的研究及教学人员。它们直接与若干农场保持联系，随时将自己或者收集到最新科技成果提供给农场。一般来说，这些技术推广服务是有偿的，需要农场支付适当报酬。

（二）农技推广工作原则

1. 合作原则　这是规范美国联邦农业推广机构与州农业推广站之间关系的基本原则，也是美国农业推广体系的灵魂和核心。这种合作关系从联邦到各州直至各县均有充分体现。例如，农业部推广局在各州开展的推广项目必须与所有州推广站合作进行，它所属的 100 多名专家经常到各州巡视并就具体问题提供咨询指导，承担州推广站所不能或不易做的事情等。

2. 教育原则 即以州立农学院而不是以各州农业厅为主导进行农业技术推广工作；以教育方法而不是以行政方法或财政方法进行农业技术推广活动；严格限定推广人员作为教育者的角色。

3. 计划原则 即所有农业技术推广活动均以推广计划为基础而展开的，州有州的推广计划，县有县的推广计划，甚至各个社区也有自己的推广计划。

4. 资金对等原则 事实上，随着农业技术推广工作的发展，目前各州提供的推广资金已经大大超过了联邦政府赠款。以艾奥瓦州立大学农学院为例。1999 年该院用于农业推广的经费总额达到 5 700 多万美元。其中州拨款占 23%；联邦赠款占 27% 左右；县捐款约占 15%，其余资金则是来自农业保险基金和私人馈赠等。

这四项原则是美国农业推广体系得以长期保持活力，并在美国农业现代化进程中发挥巨大作用的重要保障。

(三) 推广体系的内在特征

概括来说，美国现代农业推广的特点是科学化。所谓的科学化，指的是在雄厚学科的基础上，在农业内部各产业之间进行综合推广，且以实用为目标，重点推广适合美国及各地区、各产业、各品种需要的应用技术，具体来讲就是"四化"。

1. 系统化 农业产前、产中和产后的成功配套，即在农业社会生产全过程中进行推广。

2. 综合化 如果说，农业科技推广系统化是农业各产业、各品种社会生产纵向的全面科技进步，那么，农业科技推广的综合化，则除了包括纵向科技进步之外，还包括农业和非农业部门之间、农业内部各产业、品种之间以及机械学工程科技和生物学工程科技的综合推广。

3. 市场化 长期以来，虽然联邦政府和州政府都给予了农业推广必要的支持和扶植，但绝大多数农用科技成果则是自由买卖，双方均有权自由选择，形成了竞争性的市场机制。

4. 应用化 大力推广应用型农用科技，是美国农业科技推广政策的核心。

（四）农业科技推广的内容

1. 农业科技服务 这是美国农业科技推广的基础和重心，主要是针对农村成年男子而开展的服务活动，通过举办农业科技讲座和短期培训班，以及提供经济技术咨询等，向农场主传播最新农业科技成果。通过科技服务帮助农户利用现代化的生产技术和企业经营管理知识，有效地从事农业生产，确保农产品质量，降低生产成本，提高劳动效率，不断开发新的产品。

2. 家政服务 这是为农村妇女开展的农业科技推广活动，主要目标是通过家庭示范和家务咨询等帮助农村妇女学习有关料理家务、饮食营养、服饰衣着、美化环境等方面的知识，改善农民家庭生活条件，提高生活水平。

3. 四健青年服务 这是为农村青少年开展的推广服务活动。四健（脑健、手健、心健、身健）青年服务是通过组织 20 岁以下的农村男女青年学习农业知识，给他们提供参加社会生产活动的机会，培养他们对农业生产经营的兴趣，增长实践知识，发展实用技能，成为全面发展的新型农民。

4. 自然资源和农村地区开发 这方面服务主要是指导农民合理规划、利用土地，保护自然资源和环境，搞好资源综合利用，减少化肥、农村用量，防止水资源的污染，开发社区经济和人力资源。

（五）人员任用

美国对农业科技推广人员的素质有严格的要求，对农业科技推广人员的任用资格作了明确的规定[93]（见表 5-1）。同时还规定，农学院毕业者、高级农业职业学校毕业有农业试验推广或农村指导 3 年以上服务经验者，需参加考试合格才能被录用。如果是农学院毕业，在过去 5 年中，有 3 年以上农业试验研究经验者或在过去 7 年中有农业科技推广或乡村指导工作 5 年以上的服务经验者可免试。完善的任用、考试制度保障了高素质的推广队伍。

表 5 - 1　美国县级农业科技推广人员的任用资格

Table 5 - 1　Personnel Appoint Qualification of Agricultural

Sic-Tech Extension County in American

背景	1. 乡村经济 2. 农场经营经验，家庭管理经验 3. 教学经验 4. 机关服务经验
训练	1. 农学院毕业 2. 进修农业科技推广有关课程 3. 其他有关机能
特征	1. 教育能力 2. 计划能力 3. 知识与领导能力 4. 同情心 5. 独立思考与系统的想法 6. 表达能力 7. 与人相处的技巧 8. 热诚 9. 诚实与勇敢 10 完美与独立的人格

（六）资金来源

美国农业科技推广的资金，主要由联邦、州和县的财政提供。在国会农业立法中规定，各州应提供与联邦赠款数额相等的资金用于该州的农业科技推广，这就从法律上保障了农业科技推广所需资金。美国州立大学农学院的教授都有一定的责任配额，例如 40％的研究、40％的教学、20％的推广。另外还有社会上各种私有基金会、工商企业和农场的捐款，农业部推广教育基金和广大自愿者的服务。

（七）经验总结

（1）健全、有效的农业社会化服务体系是发达国家农业处于领先地位的重要原因。先进的推广体系离不开政府主导的、农民主导的以及按商业化模式运作的服务企业主导的3个系统的互相补充与完善。美国农民仅占全国从业人口总数的2%，近2 000万人，以大大小小的公司形式为农民提供各类科技产品，支撑着仅占2%的农民的生产活动。这些公司有的提供软产品，如信息咨询服务、专业技术指导、专业技术培训等，有的提供产前产中产后所需要的各种生产资料和机械工具，如种苗、农药、化肥、现代化的整地播种采收机械等。这些为农服务的公司，是美国现代农业的重要组成力量，也是科技成果转化率能达到70%以上的主要因素。涉农企业参与推广是我们值得借鉴的重要经验。

（2）农业科技人员文化程度和专业水平普遍提高是成功的决定因素。美国早在70年代，州级推广人员53.7%有博士学位，37.3%有硕士学位，9%有学士学位；县级推广人员1.3%有博士学位，43.3%有硕士学位，55.4%有学士学位。目前，美国在县推广站人员要求硕士学位以上，与中国推广人员规定的应具有中专水平相比，要求的文化水平要高得多。因此，努力提高中国农业科技推广人员的文化水平，加强县、乡两级农业科技推广人员的集中培训，在广大农村吸纳、培训和使用农业科技推广志愿人员，是中国农业管理部门当前的一项重要工作任务。

（3）美国农业科技推广也有许多先天性不足之处，这就是它的分散和松弛性特点。在美国，既缺乏一个对农业科技推广发展行使全面宏观管理的权威性机构，也缺乏一个指导全局的农业科技推广规划，致使农业科技推广力量分散，农业科技和农业科技推广政策缺乏连贯性和一致性。由于各级农业科技推广系统彼此相对独立，各有自己的资金来源、研究目标、服务对象及管理办法，联邦政府和州政府只有通过增加农业科技预算及在预算中体现的干预办法，来控制农业科技推广的运行。显然，这种控制既比较脆弱，也不够全面。中国是单一制的政治制度，可有效避免分散性的弊端。

（4）科研、教育、推广三者之间有机结合，相互促进是科技成果转化率提高又一原因。这种相互结合的机制值得借鉴并运用。

第五节　日本农业科技推广改革的新动向

日本政府和农协的双轨推广体系，与美国推广体系形成鲜明对比，它实行的是国家统一管理和农民通过协会自己管理的办法，有计划地开展农业推广工作。其弊端表现为三个方面，一是随着日本农业的发展，农民对农业科技推广工作的要求愈来愈高，而日本农技推广队伍年龄老化、知识老化的现象比较突出。二是推广工作只是和试验场结合，与农业教育机构之间只是个人技能或以委托研究的形式结合，其联系不够紧密。三是日本的农技推广机构依附于各行政机构，推广工作带有浓厚的行政色彩，其推广模式及运行机制（见图5-4）。

2005年4月1日，日本正式颁布实施了新的《农业改良助长法》。它的颁布实施标志着日本农业推广事业进入了一个新的发展时期。新法在农业推广机构设置、农业推广人员管理等方面较之前有较大变化。涉及有关推广经费的税制改革也在同步进行。

（一）充分发挥地方能动性，自主推进农业推广事业

自1948年立法实施农业推广事业以来，日本的农业推广事业是基于《农业改良助长法》，由国家和各地政府共同协作，在统一的方针指导下实施的，其行政性、规划性比较明显。近年来，随着地方农业政策的调整，各地农业发展呈多样化趋势。特别是随着"地方分权化"（地方自治）的推进，各地行政自主权

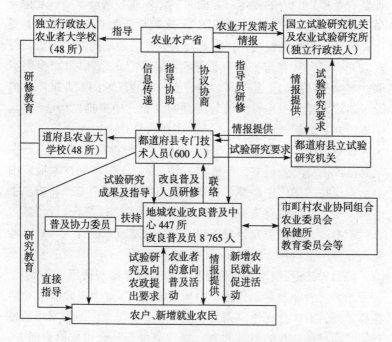

图 5-4　日本的农业科技普及运行机制

Fig 5-4　The Agricultural Sci-Tech Spread and Circulates

Mechanism in Japan

（资料来源：日本农林水产省普及课调查，数据截至 2004 年 4 月 1 日）

逐渐增大。各地政府制定农业推广政策及具体实施方案时，在符合国家宏观政策的前提下，开始更充分考虑当地实际，更加注重推广项目效益和市场需求，在更大程度上自主确立并实施各项推广计划，以服务于当地农业、农村发展。新法中有关推广机构的设置等规定也充分显示出国家鼓励各地自主推进农业推广事业的政策导向。

（二）因地制宜，设置农业推广机构

为充分发挥地方自主实施农业推广事业的主动性、能动性，使各地农业推广事业运行更加灵活机动，新法中取消了各地必须设置农业推广中心的规定，但同时规定各地必须设置"普及指导员"，且要为其提供"活动场所"。这项规定为各地依据当地实际，灵活设置相关机构，探索提高农技推广效率的方式方法，促进农业科研、教育与推广有机结合等提供了法律依据和操作空间。有关部门提出了县（都、道、府）行政区域内农业推广机构设置建议意见：一是设立统管全县的县级"中央推广中心"，其下再设立"区域推广中心"；二是在县内分几个农业大区，每个大区设立"基干推广中心"，其下设立"区域推广中心"；三是在全县范围内分专业设立"专业推广中心"，比如花卉技术推广中心、环保技术推广中心等，统管全县相关农业推广工作。推广中心的设置与否和设置方式，全国无统一要求，以符合当地实际、有利于推广人员能力充分发挥为基准。随着改革的深入，日本各地农业推广机构设置将更加灵活、更具特色。

（三）推进税制改革，保证推广体系改革顺利进行

新旧《农业改良助长法》中均明确规定：（中央政府应）向各都、道、府、县支付协作农业推广事业交付金。即国家将通过有关国税税种征收的财政收入，以"交付金"形式支付给地方，地方以一定比例配套，共同作为地方推广事业经费，维持农业推广体系运行。多年来，日本农业推广事业经费预算稳定在360亿日元左右，约占日本农业相关预算总额的1.4%。近年来，中央与地方支付比例由以前的7：3逐渐降为6：4，部分地区已接近5：5。随着中央支付比例的逐渐减少，加快税制改革，由地方自主实施农业推广事业的呼声越来越高。此前，日本"地方分权改革推进会议"和"经济财政咨询会议"联合提出了"税源移让"方案，即逐步减少国税税种和金额，转而"移让"至地方税，从而增强地方财政实力，推进地方自治。相应地，地方财政支出在农业推广事业经费中所占比例也将进一步增加。部分都、道、府、县的地方官员也联名提出了加快税制改革的议案。

（四）精干人员，提高推广人员素质

日本农业推广人员不但通过资格考试严把进入关，而且还通过有效的在职培训制度，不断提高推广人员业务水平，因此其人员整体素质较高。近年来，随着各地机构改革的推进，日本全国农业推广人员总数持续减少。截至 2004 年底，全日本共有区域农业改良推广中心 447 个，专门技术员约 600 人，改良普及员8 765人。为进一步提高农业推广人员素质，适应日益多元化的农民需求和农业发展新形势的需要，新法取消了"专门技术员"和"改良普及员"的称谓，统一为"普及指导员"。有关部门重新制订了普及指导员资格考试方案，考试难度加大，并明确规定不同学历者要有相应年份的实践工作经验（比如要求硕士毕业生需在有关试验研究、农大或推广单位工作 2 年以上；大学毕业生需 4 年以上；已取得改良普及员资格的也需 2 年以上等）才有资格参加考试，同时计划进一步加强对普及指导员的在职培训工作。在普及指导员管理方面，除了继续加强对在职人员的日常工作监督管理和业务综合评价外，新法取消了普及指导员津贴上限（旧法规定改良普及员津贴不高于其工资的 12%）限制，各地可以根据本地实际自主确定津贴比例，以鼓励农业推广人员深入基层，安心工作。预计今后日本农业推广人员在数量有一定程度减少的同时，整体素质将有较大提高。

第六节　世界农业科技推广对我们的启示

中国与美国、日本两国的社会制度、文化传统和地理位置不相同，他们的农业科技的推广方式，是根据各自的实际情况决定的。我们不可能也没有必要完全照搬美国、日本的推广体系，但是，它们在农业科技推广中的指导思想、基本原则和主要方式，可以启示我们结合中国的国情，依据我们的现实状况，来提高和完善我们这方面的工作，以达到依靠科技进步推进中国农业更好发展之目的。最关键的是我们要建立起一个富有活力的、敏捷高效的农业推广创新体系。

（一）建立市场化、产业化的农业科技推广体系

应当把公益市场结合型、市场型农业科技推广逐步推向市场，靠市场机制运行农业科技推广业务，其范围包括县（市）和乡镇的两级农业科技推广中心（站），可以先进行试点，在取得经验的基础上再推广。要进一步培育民间技术推广体系，特别是以农技协为代表的农民自发组织起来的农民合作组织。要十分重视以"能人"牵头办起来的农业技术产业公司，对他们给以特别的保护和支持。

（二）建立新的农业技术推广体系运行机制

这种农业技术推广体系运行机制的核心是竞争、效益和公开公平的原则，具体方式和内容是：①改革农业科技推广项目的资金拨款制度，对推广项目进行公开招标竞争，让农业技术人员在竞争中求发展。对科技推广项目实行基金化管理，通过竞争申请或公开招标，可以有效地提高推广效率，使有限的推广经费得到最有效的利用。②在科技推广组织内部，项目的收益与参与人员直接挂钩。③实行新的科技推广考核制度。项目竞争管理的有效保障与新技术推广效果决定于对推广项目的考核制度。应建立一整套科技推广考核制度与考核指标，对农业科技推广工作得到公开而客观的评价。

（三）高新技术推广运用激励机制

高新技术是提高农产品数量和品质的关键。美国每个农业比重大的州都有许多专业风险投资公司，每年为农业企业提供风险投资支持，资金总额达到上亿美元。我们要扩大农业产业风险投资基金，尽快形成完整的风险投资组织体系和政策体系，积累资金，扩大风险投资领域，增大农业技术覆盖面，为农业技术在更大范围的推广和应用创造条件。

（四）进一步加强教育－推广、科研－推广之间的联系

中国部属的农业科研机构和农业院校归农业部管理（部分归

教育部管理)，省属的农业科研机构和高等农业院校归省政府的科委、教委部门管理，推广归农业行政部门管理，农业科研、教育、推广没有统一的归口管理部门，失去了内在联系。这种上级对下级推广机构仅行使业务指导，推广体系分散，科研、教育、推广各成一体，同时推广人员素质低，推广效率低，使先进的科学技术很难迅速转化为实际生产力。

（五）进一步提高农业科技推广人员素质

中国农业科技推广机构多、队伍人员多。对于农业推广机构的专业科技人员，国家规定应具有中等以上有关专业学历，或者经县以上人民政府有关部门主持的专业考核培训，达到相应的专业水平。但实际在县、乡重点推广人员的构成中，具有中专以上学历人员相当少，必须进一步提高农业科技推广人员素质。

（六）不断拓宽农业科技推广领域

不但要求产中的技术服务，还需要产前的农业科技信息、农用物资，产后的农产品储藏、保鲜、运销、加工等社会化系列服务；同时针对农村社会经济问题，农业科技推广部门需采用多种手段如广播、电影、电视、网络、电话、宣传手册等拓宽推广领域。在不断以示范、教育为主推广农业科学技术的同时，加强农村妇女、农村青年农业科技知识培训，开展农村家政服务；教育、引导农民合理规划、利用土地，保护自然资源和环境，搞好资源的综合利用。

（七）多渠道筹集资金，无偿服务与有偿服务并举

一方面，国家要增加对农业科技推广的投入，各级政府在财政预算内要保障用于农业科技推广的资金逐年增长，农业科技推广专项资金要用于实施农业科技推广项目。同时通过从工商企业、社会团体和个人捐赠等各种渠道筹集资金。另一方面，各级推广机构通过开展经营服务，兴办经济实体，实行以无偿服务为主，根据不同服务内容进行有偿服务，解决资金不足的困难，从而增强推广机构的活力，走自我发展的路子[94]。

(八) 多元化的组织形式和科技来源并存

国际经验表明，最有活力的科技推广创新体系是私人和公共部门之间的联合和协作。政府公共的农业科技投资分配应当更多地引入市场机制，通过招标竞争，而不是行政分配的手段，努力营造一个公平竞争的环境，以促进民营科技企业的快速崛起。此外，在主要依靠国内力量提供农业科技成果供给的同时，应重视积极引进国外农业科技成果，以便优化科研资源的合理配置，提高科技投入的产出效率。

第六章 中国农业科技推广供求耦合：农业科技推广体系创新

第一节 农业科技推广供求主体间的协同分析

所谓协同，是指协调两个或两个以上的不同资源或者个体，步调一致地完成某一目标的过程或能力。协同是随人类社会的出现而出现，并随着人类社会的进步而发展的。协同的运用便会产生协同效应，即 $1+1>2$ 的效应，一部分原因是分工协作产生的效率。典型的例子是亚当·斯密的"制作绣花针"的过程：1个人做1根针需要48天，若将工序分为48道，让48个人分别负责1道工序，那么1天下来可以做1 000根针，平均1个人1天做1 000/48根针，效率得以大大提高。如果把政府推广机构、高校推广机构、农业科研院所推广机构、涉农企业（公司）推广机构及民间推广组织等主体有机地结合起来，建立一种协同关系，使之形成既能发挥各自优势，又能优势互补；既有利于合理竞争，又利于整体合作的上下相通、左右相连、专群结合、多层次、多渠道的农业科技推广网络，将会大大提高农业科技成果转化率。这里政府、高等院校、科研院所、涉农企业、其他农业教育机构、农业专业技术协会、个人等为供给主体，新型农民为需求主体。

（一）供给主体之间的协同

在6个主体当中，①政府主要职责是农业科技推广工作宏观经济环境的优化，制定相应的政策和法律，对各类推广组织和主体行为进行调控和监督，建立公平合理的竞争机制，发挥多元主体的整体功能。②农业院校或科研院所服务对象主要是农民，工作目标是教育性或推广其社会及经济成果，其技术特征以科技成果为基础的知识性为主，通过科技培训、基地建设和项目实施等传递方式，以达到转化科技成果、增加农民收入和提高农民素质、改善农村生活社会环境的目的。它主要采取"教学与科研示范基地"、"技术入股型"、"技术转让型"等推广方式。它的运行机制是由农业教育或农业科研机构通过项目、基地、企业和合作组织等媒介，把教育机构的科研成果转化为现实生产力。③涉农企业参与农业科技推广，主要是通过引入现代装备、现代科技、现代理念、现代管理，不断应用新品种、新技术、新工艺，有效改造传统产业，推进农业生产手段和经营方式的现代化，提高农业整体规模效益。④农业专业技术协会参与农业科技推广是通过为农户提供技术、购销、信息服务等途径，引导农户由小生产进入大市场，消除了农民为出售商品而互相压级压价的行为，解除了农产品卖难的后顾之忧，同时节约交易费用，防止了同行业之间的恶性竞争，最大限度地保护了农民利益，增加了农民收入。协会利用自身优势，组织、引导广大农户生产，并统一品牌，严把质量关，稳定供货，形成规模，增强了农产品的市场竞争力。同时，各协会加强企业与农户之间的合作，巩固和延长了农业产业链，同时还积极探索把协会与农业产业化经营有机结合起来，推动了农业产业化发展。

将农业科技推广分为3种类型：公益型、公益和市场结合型和市场型。农业弱势产业的特点、准公共物品的特性和重要的战略地位决定了公益型农业科技推广由政府承担，以产生的社会效益作为回报，同时政府应根据不同推广类型来制定相应的产业政策；公益和市场结合型科技推广由农业高校和科研院所共同承担，同时鼓励农业高校、科研院所与企业"联姻"，采取"所厂联手"、"所乡挂钩"、"厂校合作"等模式，通过难题招标、科技成果作价参股等多种方式，与企业联合开发应用新技术，建立健全两者间互利互惠的合作机制，从而逐步改善科技成果供体和受体间的链接状态，充分发挥三方在人才、设备和资金上的优势，提高科技成果的商品转化率；市场型农业科技推广由涉农企业承担，但是，高回报和高风险往往并存，可以借鉴西欧国家的经验，建议国家科技部和国家经贸委协商组建以技术转让为资助对象的国家风险投资公司，国家风险投资公司以提供借款担保的形式支持企业、特别是中小企业的科技推广（主体之间的协同关系见图 6-1）。

表 6-1 农业科技推广供给主体之间的协同关系

Table 6-1　Conjunction with Supply Principal Part Agricultural Sci-Tech Extension

供给主体	主要职能	利益分配
政　　府	产业政策、基础建设、资金支持	社会效益
高等院校	科学研究、新型农民培训、科技推广	科研、推广经费，社会效益
科研院所	科学研究、基地建设、科技服务	科研、推广经费，社会效益
涉农企业	科技研发、平台建设、科技推广、售后服务	企业利润
农业专业技术协会	示范、咨询、权益维护、信息反馈	会员费
其他	培训、试验示范、科技推广、服务	事业费、专项经费

（二）建立供求互动的利益联结机制

由于在科技供给与需求之间缺乏有效的双向交流与沟通机制，利益相关者尤其是用户不能有效地参与农业科技创新计划的制订、实施与评估过程。由此导致农业研究领域与农产品生产的区域化布局、产业化经营、农业与农村经济结构变化的需要不完全相适应，科技与经济脱节的局面不能得到根本改变，农业技术供求上存在总量和结构的双重失衡，科技推广效率不高。提供满足农民和市场真正需要的技术是成功实施农业技术创新战略的基础和前提，为此，必须深化农业科技体制改革，改革现有的远离农民、远离市场的农业科研体制，促进农业科研与农业生产的紧密结合。在技术创新供给与需求之间建立一个有效的双向沟通的机制。

同时，由于农业科技成果公共物品的属性，免费搭车、无偿获取的现象十分普遍，这使得成果拥有者（包括成果转化开发单位和各级推广组织）的经济利益不能得到切实保障，严重者甚至无法收回成本。因此，科技成果供体被迫提高成果转让的价格或成果使用的门槛，而过高的收费又往往造成潜在用户的流失，反过来又导致了成果转化率的下降。政府为了提高科技成果转化率，就会出台相应的政策法规或一定的经济补贴来支持成果供体，鼓励其开展农业科技推广与服务。供求方和政府三方面博弈的结果便为利益联结机制的建立提供了前提条件。

这一机制应该满足两点要求：①能够将农民对市场信号的反应有效地传递给农业技术创新者，并对创新者的创新活动产生激励；②能够将创新技术及时有效地推广开来。要切实加强农业科技推广和科技服务体系的建设，充分发挥市场经济的杠杆作用，促进农业科技推广队伍多元化、技术服务社会化、推广形式多样化、运行机制市场化。

第二节　农业科技推广体系创新的路径选择

由于路径依赖决定着农业科技推广的制度变迁和经济增长的轨迹，在农业科技推广制度的变迁过程中，传统文化、思想观念、社会意识形态、政治组织、政府机构、农业科技推广部门本身等因素，会以各种方式对农业科技推广制度的变迁产生路径依赖性，除改革者的主观愿望和最终目标外，还依赖于一开始所选择和依赖的改革路径，这就增加了农业科技推广制度创新的难度和复杂性。因此，新的农业科技推广制度的建立，必须突破对原有各项制度的路径依赖和防止选择不正确的路径。

1. 选择正确的农业科技推广制度 既要摆脱过去在计划经济体制下形成的推广制度的束缚，又要选择改革的正确路径，进行正确的目标定位。一开始选定的路径一旦出现偏差，由于路径依赖，也很难达到既定的目标。目前，中国正在加快建立和完善社会主义的市场经济体制建设，目标已经非常明确，农业科技推广体系也必须适应这一要求。农业高校、科研院所、涉农企业等推广主体，必须面向经济建设的主战场，解决农业发展中的焦点和急需解决的问题，促进农业的发展[51]。

2. 建立一个分工明确，竞争有序的农业科技推广创新体系 鉴于农业技术的特殊性，必须进行明确、系统、科学分类，不同类型的农业技术，由不同的推广组织承担。根据经济学中从权属关系与应用效应对一般物品与服务的分类，可将农业技术分为公益型技术、公益和市场结合型技术和市场型技术。对于公益型技术，由国家的推广部门进行推广；对于公益和市场结合型技术，采取市场机制与政府干预相结合的办法进行推广；对于市场型技术，可由市场机制决定其资源配置与发展方向，通过民办推广机构、农技协等组织来进行推广，从而形成明确分工、竞争有序的农业科技推广创新体系。

3. 既要照顾全局利益，又要协调好既得利益主体与各方面的关系 如果只照顾全局利益，而不考虑现有的推广机构及人员的利益，势必增加改革的难度和复杂性；如果只考虑既得利益主体，改革将难以进行。因此，必须协调好两方面的关系，在合作与博弈中形成尽可能大的合力。

农业科技推广是一项系统工程，涉及政策、市场、科技等诸多方面的问题。必须充分调动政府、教育机构、农民各个方面积极性，协调科技、政策、市场，建立科学高效的农业生产技术支持与服务体系。建立一个适应社会主义市场经济体制，供给主体多元化，以农业创新为核心，以解决影响农业生产和农村经济发展的关键技术问题为主攻方向，以提升农业生产技术水平为目标的高水平、高效率的农业科技推广体系是中国农业生产和农村经济发展的必然选择。

第三节　农业科技推广体系的公共品属性与政府财政支持

造成当前中国农村对农业科技成果有效需求不足、农业科技推广体系不健全、科技成果转化率低的原因是多方面的，但其中最主要的原因就是农业科技推广体系属于公共品，其供给具有一定的特殊性。所谓公共品就是指可以集体参与共享的物品或服务，它是相对于个人消费的私人用品而言的。由于公共品具有或部分具有消费的非排他性、非竞争性，公共品可分为纯公共品和准公共品。同时具有消费的非排他性、非竞争性的物品或服务属于纯公共品，只具有消费的非排他性，或只具有非竞争性的物品或服务属于准公共品。对于准公共品，可以按照"使用者付费"的原则组织供给；而纯公共品由于存在较强的外部性，"搭便车"现象严重，使得其有赖于公共供给，因此，纯公共品的供给也就成为公共财政的基本义务。农业科技推广体系基本上具有纯公共品的特性。如果农业科技推广体系完全按照价值规律由市场提供，由于提供者不能及时得到价值补偿，这种方式提供的数量必然会低于社会期望水平，也就是说农业科技推广工作如果完全按照市场规则运行，必然导致农业科技推广体系不健全。这就意味着，农业科技推广需要政府的干预，需要公共财政保证农村科技推广的经费，使农业科技推广产生出更多的外部正效益。因此，政府应义不容辞地承担起农业科技推广投入的义务，以弥补市场对农业科技推广的社会资源配置的无效。

第四节 中国农业科技推广面向未来的
改革与发展

众多学者对中国农业科技推广体系存在弊端的原因进行过多角度的分析，笔者认为关键是在中国农业与农村经济转轨变型时期，我们的行政农业科技推广管理缺乏一种创新的思路和方法。党的十五届三中全会《决定》指出：到 2010 年，在中国农村基本建立起以家庭承包经营为基础，以农业社会化服务体系、农产品市场体系和国家对农业的支持保护体系为支撑，适应发展社会主义市场经济要求的农村经济体制。农业科技推广，既是农业社会化服务体系的重要组成部分，又是国家对农业支持保护体系的重要方面，同时，这个体系还是实施科教兴农战略的重要载体。这个定位，把农业科技推广与农村经济体制直接连在一起。因此，中国农业科技推广体系的改革应该按照这一要求，大胆进行管理创新，改革单一完成政府目标的工作方式、单纯技术的传递模式和僵化的"行政＋示范"推广方法。

中国政府确定的农村经济发展目标是：到 2020 年，农村社会总产值持续增长，人均国民生产总值接近中等发达国家水平，初步建成繁荣富裕的新农村。今后二三十年农业技术创新活动在很大程度上是为上述总目标服务的。农业技术进步将由于农村资源结构及农业技术需求结构的地区差异而呈现多元化取向，即呈现节省土地、节省劳力、节省资金等不同类型。而高新技术对农业发展所起的作用会不断增大，相应的农业科技推广体系必须适应农业高新技术成果的快速转化。

从长远看，中国新的农业科技推广体系创建将与农业科技推广改革同步发展，并适应科技推广新的变化：推广工作的目标必将由增加产量向以经济效益、社会效益和生态效益为中心转移，并逐步发展到把农村、农业、农民生产的发展与生活的改善作为农业科技推广的总目标；推广工作的内容将由产中服务向产前、产后纵深拓展，并逐步发展成为农业科技推广咨询服务，即除去农业生产外，还包括农民所需要的其他生产、生活领域如社会、经济、市场、管理、信贷、家政、法律、文化等方面的服务，从而更多地重视在农村社会市场经济发展的基础上对人力资源的开发；推广对象将扩大为全体农村人口。推广的策略将由自上而下行政指令驱动式向以由下而上自愿参与咨询式为主并辅以其他方式过渡；推广的组织体系将进一步向多元化综合型方面发展，民间推广组织力量将不断加强；推广的手段和方法将不断更新，沟通将成为农业科技推广咨询的基本方法，计算机及大众传媒将被广泛应用。

创新作为一种制度变迁，包括宪法秩序、伦理道德和制度安排。前两项一旦形成不易显著变动，只有制度安排作为制度变迁的内生变量是当今体制改革的重点。本书在通过对国外典型农业科技推广体系分析研究和上世纪90年代改革的基础上，拟提出以下农业科技推广体系改革的大体方向：

（一）以国办推广机构为主体

继续稳定与加强以政府农业部为基础的农业科技推广体系。这是坚持中国公有制主体地位的必然要求，也是由国外无数成功经验及中国历史经验教训所得出来的，是不可否认的。继续发挥国家推广机构主力军的作用，建立高效、精干的国家农业推广体系，完成国家公共技术和准公共技术的推广任务，体现国家对农民的扶持。

（二）坚持合作推广

国家办的各级农业科技推广机构是农业科技推广主体的核心，但必须坚持合作推广原则，这是农村实行家庭承包责任制以来农业科技推广建设与推广工作的一条重要的经验。合作推广主要包括三方面内容：一是要和农业科研、教育机构合作，取长补短，共同推进农业科技进步；二是要和供销、内外贸、农产品加工等涉农企业合作，根据市场需要推广新技术，推行产业化经营，不断满足市场需要，增加农民收入；三是要和民办的各种农民技术协会合作，即所谓的"官民联姻，专群结合"，共同提高，搞好服务，使农业科技推广逐步变成社会行为。

（三）以国家投资为主，广辟资金来源渠道

在国家财政作为推广经费主要来源的前提下，大力发展合作推广，建立多渠道融资投入机制。要加大各级财政对农业科研支持的力度，逐步使政府对农业科技投入占农业总产值的比例由现在不足 0.2% 提高到 1%，涉及农业的重大工程项目，投资预算中科技专项费用不得低于 3%，并把这种投入比例用法律的形式固定下来，变"软约束"为"硬约束"。其次，加强金融、税收、保险对农业的支持。其次，要完善间接融资的体制，借鉴美国多渠道多元化筹资经验，设立农业科技推广基金，把社会广泛筹资作为推广基金的来源之一。包括鼓励民间、私人投资于农业科技推广事业。同时，可以以技术转让、技术开发、技术服务和技术承包等形式开展有偿服务，也可以兴办各种经济实体，推行股份制和股份合作制，让农业技术人员和有志于农业科技推广事业发展的社会各界人士参股入股，壮大农业科技推广的经济实体，使这些经济实体能在农业产业化中承担起"龙头企业"的角色，将分散的农户与大市场连接在一起。

（四）推广方式、方法的改变

农业科技推广创新体系改革中，应在提高人口整体文化素质的同时，不断加强新型农民培训，实行职业培训后上岗及定期或不定期的在职培训，切实提高从业人员的科学文化素质。同时注重农业高校、科研院所的科技示范基地（实验站）等科技成果转化平台建设，加快科技成果转化力度；结合农村信息化建设和信息技术的应用，通过"农民网吧"的形式实施网络平台建设。

（五）农业科技推广系统应多成分、多形式、多层次相结合

农业科技推广体系改革中，应避免当前农业科技推广部门的

"分割"现象，搞好协作和综合即各级科研中心、推广中心和高等教育的结合，政府、涉农企业、农技协和新型农民的结合。做到资源共享，发挥出整体效益。

（六）逐渐地把立法手段引入体制中

农业科技推广体系改革的过程是诱致性制度变迁向强制性制度变迁转化的过程，通过立法手段规定国家财政对农业科技推广的经费占农业总产值的份额；在农业技术市场建设中，应出台相应的政策与法律，做到有法可依，用法律法规来规范技术市场和技术市场的交易行为。保证农业科技成果的质量，防止假冒伪劣技术坑农、害农等。

（七）建立多元化的农业科技推广体系

1. 推广投资社会化 市场经济条件下农业科技推广的主体多元化客观上要求投资的社会化，通过政府预支、涉农企业投资（化肥厂、农药厂、农产品加工企业等）、农民合作经济组织集资（农民合作组织、协会、经济联合体等）及农业科研和推广机构从服务收入中出资形式，增加农业科技推广资金的来源渠道。

2. 推广体系产业化 主体多元化、投资社会化、行为利益化必然要求推广方式、方法的多样化，而不论采取哪种形式，检验这种新型农业科技推广机制形成与否的标准是技术推广产业链中各环节的关联程度和技术推广产业的发展速度。

3. 政策保护法制化 农业科技推广的政策保护有两个层次的含义：一是从农业这一产业来讲，国民经济的基础性、农业产业的弱质性、市场机制的局限性、农业商品的特殊性、农业技术的公益性、利益分配的不确定性等等，使得国家和各级政府必须对农业科技推广采取特殊的政策保护；二是从农业技术本身来讲，它不同于工业技术，受自然因子的影响，既要与天斗、与地斗，又要与传统经验斗、与保守意识斗，对技术和技术效益的调控难度很大，需要有特殊的保护措施。

4. 多元化的组织形式 中国农业科技推广多元化的组织形式主要体现在以下三个方面：一是国家公益性农业科技推广；二是农民合作经济组织自身的服务系统；三是社会的、经营性的服务系统（包括私营的、企业的以及中介组织等），图6-1表述了中国农业科技推广多元化的组织形式优化模型，在这个模型中，不仅要有健全的政府农业科技推广组织，而且要通过正确的引导和协调，逐步发挥农业教育机构、企业和农民组织在农业科技推广中的重要作用，形成多元化的农业科技推广组织。此外，还要为农业科技推广提供良好的环境支持，包括机制、资金、科技、市场等方面的支持和拉动，使中国农业科技推广能更有效地开展工作，为农民提供优质的推广服务。

5. 参与主体的多元化 农业领导机构、科研院所、农业院校、农业科技推广单位、农业专业协会、农民等都将成为推广的相关参与者。

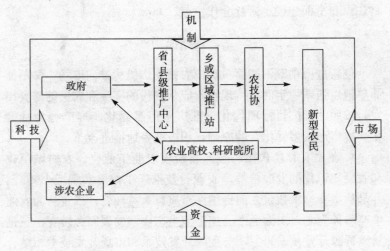

图6-1 中国农业科技推广组织形式优化模型

Fig 6-1 Organizing Optimize Model Agricultural

Sic-Tech Extension in China

第五节　建立中国农业科技推广创新体系

一、指导思想

以邓小平理论和"三个代表"重要思想为指导，着眼于实现农业"三增"目标；坚持"立足国情、突出重点、政府主导、多元推动，明确定位、主体协同，因地制宜、分类指导"的原则，通过体制创新、政策引导和资金扶持等措施的综合运用，广泛动员各方力量，合理配置各种资源，建立起以政府推广组织为主导，以农业教育机构、涉农企业、农技协为依托，以集体和合作经济组织为基础，国家扶持和市场引导相结合，无偿服务与有偿服务相结合，综合性服务与专业性服务相结合，多种经济成分、多渠道、多层次的新型农业科技推广体系，为发展高效、优质、高产、生态、安全农业提供全方位的技术支撑，为社会主义新农村建设和全面建设小康社会作贡献。

二、创新原则

创新过程中既不能简单地把农技推广机构推向市场，又不能简单地以强调稳定而维持现状，应从农村的实际和农民的需要出发，按照"推广目标现代化、推广队伍多元化、推广行为社会化、推广形式多样化"的原则，积极稳妥地推进改革。

1. 推广目标现代化　按照新阶段农业工业化、农村城镇化和农民知识化的发展趋势，农业科技推广工作要实现四个转变：一是从主要追求数量，向更加注重质量效益转变；二是从为农业生产服务为主，向为生产、加工与生态协调发展服务转变；三是从以资源开发技术为主，向资源开发技术和市场开发技术相结合转变；四是从主要面向国内市场，向面向国内、国际两个市场转变。

2. 推广队伍多元化　在稳定、加强和优化农业科技推广机构的同时，大力发展农民、涉农企业科技推广与服务组织，支持农村各类专业技术协会的发展，充分调动科研院所、高等院校和科技工作者参与推广工作的积极性。

3. 推广行为社会化　就是各级政府要保证推广工作的经费。公益性、共性关键技术的推广与示范工作，主要由政府支持的推广机构承担，实行低价和免费政策。有市场前景的开发类技术，鼓励和支持涉农企业、新型农民去推广。

4. 推广形式多样化　按照农民的需要、市场的需求、产业的要求，破除"就技术抓推广、各自为政单打一"的传统，树立为产业发展全面推广与全程服务的新思维，围绕当地的重点产业，搞好相应的科技创新与服务创新。

三、创新内容

农业科技推广创新体系是指一个国家或一个地区农业科技、经济部门和推广机构之间相互协调、良性互动，促进创新资源合理配置、高效利用，它是融创新执行机构、创新基础设施、创新资源、创新环境等创新要素于一体的系统。在这一体系中，政府、涉农企业、农业高校、科研院所、农技协、新型农民等创新主体良性互动，机制、政策和环境相互协调，科技、人才、资金等创新要素协同作用，从而实现科技资源合理集成和有效转化。本书提出的农业科技推广创新体系暂定名为：一个适应社会主义市场经济体制，以国家农业科技创新与推广体系为主导，农业高校、科研院所、涉农企业、农业专业技术协会等为供给主体，农业生产与推广、教育紧密结合，上下连贯、主体协同、功能齐全、运行有序、结构开放的多元化农业科技推广体系。

（一）目标模型

该体系在政府的支持和引导下，以农业教育机构（农业高校、科研院所）自身科研成果为主体，涉农企业和农技协广泛参与，通过项目经费支撑，通过成果转让、技术承包、技术开发，咨询服务，成果示范等活动，利用科技示范、科技培训和网络传播的途径，将科技成果推广到新型农民，再带动和引导广大农户。该体系资金来源有三个方面：一是政府通过项目经费资助；二是通过协会集资；三是涉农企业、个人捐款资助。其主要运行模式是："科教单位＋基地＋农户"，"科教单位＋企业＋农户"，"科教单位＋推广机构＋农户"等。在管理上由政府引导、以科教单位为主导，涉农企业、农技协广泛参与的管理模式。农业教育机构按照政府制定的相关政策和法规，制定管理办法和激励政策。部分项目实行首席专家负责制，首席专家按项目需求面向社会招聘基地科技人员。这一目标模型分工明确，功能开放，示范带动力强。不足之处是增加了政府协调的难度，科技成果盈利性与公益性的划分和推广渠道尚不明确，可持续性差（目标模型见图 6-2）。

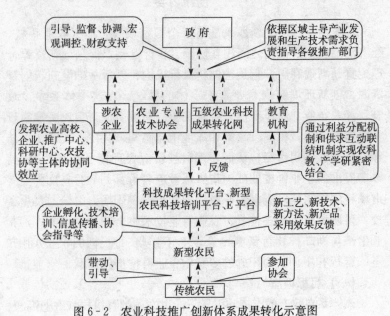

图 6-2　农业科技推广创新体系成果转化示意图

Fig 6-2　Production Conversion Sketch of Agricultural Sci-Tech Extension Creative Map System

（二）"五大体系"创建

（1）价值观念体系：更新推广理念；扩大服务范畴；创新服务方式、方法；扩充服务内容；扩大服务对象。

（2）推广机构体系（模式）：积极推进公益性农业科技推广机构的改革，界定职能，事、企分开。

（3）推广示范载体体系：把现代农业科技示范园、区、场建设成为农业科技推广与示范的明亮窗口，重点创建县、乡镇各类农业科技示范场（区）。

（4）村户合作推广延伸体系：大力加强以"土专家"、"田秀才"为主的乡土人才队伍建设。

（5）充分利用培训平台、E平台和成果转化平台，发挥教育机构和各级科研中心、推广中心的作用，构建新型的农业科技推广服务体系。

四、重点领域选择

保持政府在科技推广中的主导地位，依托农业教育机构、涉农企业和农业专业技术协会，强化提升区域公益性服务功能，创新搞活乡镇农业推广机制，延伸完善村级综合服务设施。重点任务是对农业科技推广现有的四大职能进行重新界定：①政策、法律（法规）的出台与执法和行政管理属于政府的行政职能，应将其中专业性不很强的职能交由各级政府管理部门履行；而那些专业性较强的工作，则保留在各级农业推广部门中。②公益性服务应当是政府推广的主体任务，尤其是动植物病虫害的监测、通报和防治，新品种和新技术的引进和示范，多种形式的农业实用技术的宣传和培训。③中介性收费服务，有一些需要政府农业推广机构负责，例如产品检验和认证；另外一些可委托其他实体或个人承担，例如防疫操作服务；还有一些由农业教育机构承担，例如一些收费性培训，包括农机驾驶培训等。④经营性服务的职能，则完全从政府推广机构中分离出去，实行企业化经营。

五、创新措施

(一) 组织形式创新

(1) 在中央一级，建议国务院制定促进科技、教育、与推广相结合的改革方案。较为可行的办法是，成立全国性的农业科技推广创新与推广联络办公室，组织科研、推广、教育各方面的专家，共同确定国家农业科技创新与推广的重大项目立项，协调农业科研、推广及教育各部门之间的关系，共同合作制定农业教育培训计划等。将农业部各分散推广机构撤销，建立农业部推广司，属行政单位，推广司下设各职能处。并成立全国农业科技推广培训中心，全国农业科技推广信息情报中心，全国农业科技推广材料制作中心，直属推广司领导，为事业单位，负责为推广司提供培训，信息材料制作等技术支持。同时，农业部推广司也可作为国家级农业科技推广协调机构，对日益多元化的推广机构加强宏观调控，使多元化的推广机构有序地、公平合理地竞争。发挥出各自的优势，在竞争中合作。改变以往狭隘的农业技术推广，根据时代的要求，逐步将国家农业技术推广中心的工作从普及常规技术转移到提高农民综合素质上来。市场型农业科技推广项目留给市场完成。

(2) 在省级，设立省农业科技推广局，其行政主管部门为省农业厅。省农业科技推广局的设立应充分发挥各省农业教育机构的作用，以农业教育机构为中心成立。全面负责本省的农业科技推广工作，其职责包括研究、试验、技术引进、技术推广、管理咨询、教育培训、市场调研与信息的收集处理，以及全方位指导和监督管理农业科技推广中心的业务工作，从而在中间机构一级解决农、科、教脱节问题。将现有的国家、省、地市、县、乡的五级推广体系逐步改变为国家、省、县三级推广体系。撤销地市级的农业技术推广部门。

(3) 在县级，将原有的各专业推广机构合并，组建综合的县农业科技推广中心。县农业科技推广中心是整个农业科技推广体系中的枢纽，起着承上启下的作用，是推广体系和信息反馈的中间环节。强化县级农技推广组织建设，培育县级推广机构使之逐步成为中国农业科技推广体系的核心层。围绕全县主导农产品开展新品种、新技术的引进、试验、示范、推广工作；监测、预报农情，特别是病虫害、疫病防治，土壤肥力测量等；大力对新型农民开展生产技术、家庭经营管理技能、资源开发、提高组织化程度等多方面的培训；建立科技示范场、示范基地、培养示范户，建立健全农村科技服务网络体系。鼓励科研、教育等有关单位的参与和协作，并为他们提供试验基地，担当政府农村工作的政策顾问和有力助手。县级推广组织可以根据服务规模、服务对象如农作物、生产品种等专业化、区域化特点，以大的乡镇和中心乡镇为依托，联合周边若干个生产、经营具有较大相似性的乡镇建立区域站，一些生产规模较大、生产布局特色突出的乡级农业推广组织也可以直接转变为县级农业推广组织的派出机构。那些被合并到区域站中的乡镇可以改制为面向市场、技物结合的经营实体。

（4）各乡（镇）应根据其自身条件，大力发展农村科学实验示范基地。这种农村科学实验示范基地应集成实验示范基地所在地人民政府、技术依托单位及主管部门的力量，鼓励科研院所及教学单位的科研人员下基层，进行"带土移植"——即科研人员直接下基地指导，实验、示范自己研制的科研成果，及时发现问题、反馈问题、解决问题，从而有效地解决基层农、科、教脱节的问题，形成科研选题从实践中来到实践中去，同时也有效地解决了农业科技推广中各地自然条件不一，技术适用范围小，农民难以掌握科学技术中的关键环节等矛盾。基地以农业新技术试验示范、优良种苗繁育、实用技术培训为主要服务内容，主要做好示范基地建设、服务设施建设和运作机制建设。

（5）在乡、镇以下大力发展和扶持由农民自己组织起来的各种专业技术协会（研究会），培养新型农民，让他们带动传达农民接受农业科技推广服务。同时建立科技进村入户服务站，依托农技员、专业大户或农村动物防疫员，在行政村建立为农民提供技术培训、农资供应和市场信息等服务的社会化科技推广服务站。其主要任务：一是进行农业科技试验示范，引导农民采用新技术，促进成果转化；二是开展技术培训和宣传，提高农民科技文化素质；三是供应优质农业生产资料并提供技术服务，保障农业投入品的使用安全、农产品质量安全，保护农业生态环境；四是提供农产品供求市场信息和种养业新品种、新技术信息，增强农产品的市场竞争力，提高农业生产效益，促进农民增收。在经济实力强大、财力有保障的乡镇，可以考虑由乡镇负责推广机构的人、财、物，但是对于大多数乡镇而言，应当坚持"以条为主"的管理体制，乡级推广机构作为县推广中心的派出机构，以确保乡级推广机构的人员专业化、经费稳定化及业务经常化。

（二）农业科技推广组织运行机制及管理方式创新

（1）中央、省、县级农业科技推广机构为整个农业科技推广系统的领导管理机构，对本行政区域内下级农业科技推广机构行使管理职能。县农业科技推广中心、乡（镇）农业科技推广站是整个系统中的基层单位，负责农业科技推广工作的具体实施。在行政上，县农业科技推广中心为县农办或县政府直接领导下的事业单位，以避免县级农业行政部门分设和行政编制管理造成的困难，为其开展技物结合形式的有偿服务，以弥补政府推广经费不足创造条件。乡（镇）农业科技推广站直接受县农业科技推广中心的领导，但同时接受乡（镇）政府的监督，以避免乡政府过多的行政干预，便于对乡站的管理。

（2）上级推广机构负责对下级推广机构的负责人进行考核，下级推广机构的负责人需报经上级推广机构同意后由所属行政主管部门任免。但乡农业科技推广站站长经乡政府同意后由所属行政主管部门任免。下级机构的设置、变动需经上级推广组织同意后方可进行。

（3）各级农业科技推广机构的年度工作计划和资金分配方案经同级农业行政主管部门同意后需报上级农业科技推广机构批准。上级农业科技推广机构制定其掌握资金的分配方案并对下级机构的计划完成情况和经费使用情况进行监督、检查。

（4）上级农业科技推广组织与下级农业行政主管部门签订农业科技推广责任书，以确保上级农业科技推广组织推广项目的顺利实施和所分配资金的有效使用。

（三）农业科技推广方法创新

（1）继承中国农业科技推广工作联系实际的光荣传统，鼓励推广人员主动走向农村，走进农业，走近农民。今后，中国的农业、农村发展要紧紧依靠科技进步，跟随新的农业科技革命的步伐，这样，既需要科技人员攀登高科技的制高点，同时，又需要广大农业科技推广人员走向农业生产和农村发展的第一线。现在中国农业技术、推广人员在一定程度上存在远离农民的现象，沉不下去，深入不了农村，接近不了农民，进入田间地头解决实际问题的人越来越少。有人说，在中国研究荒漠化的人越来越多，研究荒漠化的论文越来越厚，研究荒漠化人的职称越来越高，但是中国荒漠化的面积越来越大。这实际是给我们提出了一个带有根本性的问题，在中国科技和教育传统中，"劳心者治人，劳力者治于人"的观念始终没有彻底消除。但是在中国农业科技推广的历史上却有理论联系实际的传统。然而，近年来，由于农业科技推广人员的地位偏低，基层推广组织建设薄弱，出现了推广人员远离农民的问题，有许多推广人员中"君子动口不动手"，纸上谈兵的人越来越多，农民中的许多实际困难无人帮助解决，必须从根本上解决这一问题。只有农业科技人员带着信息、带着技术走向农村、走进农业、走近农民，谋求与科教兴国、科教兴农战略相适应的工作方式，新的农业科技革命才会真正在农村发生。农业科技传递要提倡直销，推广人员要建自己的基地。

（2）应用信息技术和多媒体传递技术，实施农业科技示范 E 平台建设。当代世界正在由工业化时期进入信息化时代。以计算机技术、多媒体技术、光纤和卫星通信技术为特征的信息化浪潮正在席卷全球，现代信息技术正在向农业领域渗透（K. Adhikarya，1994[95]）。我们必须抓住这一历史机遇，主动迎接农业信息技术的挑战。中国农业人口多，农民科技文化素质差，居住分散，经营规模小，农业科技推广人员走遍每一个乡村、农户、地块极不现实。此外，农业科技成果地域性强，开放度高，操作人员多、操作环节多，持续时间长，受自然条件和市场影响大，农民需要了解的信息内容广泛。我们可以用信息技术传递快、覆盖面大、图文并茂、便于查询、能推理判断等优点，建设农业科技示范 E 平台和"农民网吧"，用这种技术跨越的方法弥补推广力量的不足，提高农业科技推广的效率。

（3）提倡"参与式"推广，发挥农民的主体地位，调动农民学科技、用科技的主观能动性。参与式发展的理论认为，外部的支持和干预固然重要，但当地人在一般情况下有能力认识和解决自己的问题，发展的一个重要过程是强化和提高当地人自我发展能力（K. Adhikarya，1994[95]；Linda. K. Bock，1980[96]）。参与式推广是要农业推广人员和农民建立一种伙伴关系，双方处于平等关系。注重农民自我发展能力的培养，智力的开发，人的发展，当地乡土知识、农民经验和技能的总结。中国长时间以来，农业科技推广自上而下的方式和方法已形成传统，在推广工作中，尊重农民、理解农民不够。在今后的农业科技推广工作中，我们应积极引进"参与式"的概念，逐步推广"参与式"的方法，不断地教育农民，培训农民，启发农民，开发农民的智力，依靠农民的自立、自强精神，主动地去借助和引进外力，实现改造社会、改造自然、改造自己的目的。

（4）积极发展农民专业技术协会。从 20 世纪 80 年代中期到 90 年代末，农民专业技术协会的发展是以数量增加、外延扩大为主要特征的。未来农民专业技术协会应该以质量提高、内涵深化为主要特征。为此，应当解决农民专业技术协会产权关系模糊、责权利分离、管理人员素质不高等问题，促使农民专业技术协会由松散的初中级形态，尽快发育成具有经济实体、结构紧密的高级形态。为此，应尽快制定出农民专业技术协会有关的法律法规，明确农民专业技术协会的法律地位，并为农民专业技术协会提供税收、信贷、工商登记等一系列优惠政策。有关部门应加强农民专业技术协会骨干的技术培训和管理知识的培训，加强对农民专业技术协会的宏观管理和指导。在条件成熟时，有计划有步骤地建立专业性、地区性乃至全国性的农民专业技术协会，逐步形成上下相连、左右互通的专业技术协会。

第六节　创新过程中应关注的几个问题

一、机构改革与设置

（1）集中人力、物力和财力，加强省、县级农业推广机构建设，使省、县级机构成为对上联系上级科研推广部门，对下直接联系村干部、新型农民、龙头企业和各种农民专业合作组织及协会的枢纽和桥梁。

（2）乡镇级的政府农业科技推广职能实行社会化，组织管理职能由乡镇政府承担。

（3）根据需要，县级机构可派设跨乡镇的专业中心站。

（4）充分发挥村干部、新型农民、涉农企业和各种农民专业合作组织及协会的作用。

二、人员配置和用人机制

县级农业技术推广机构人员总数，可以综合考虑农业生产的资源数量情况、农畜产品的产量和农户的数量，按一定的系数计算来确定。大体上，全国平均每个县农业科技推广人员在 100 人左右，最多不超过 150 人，全国农业科技推广人员的总人数可控制在 25 万～30 万人。提高对农业科技推广人员的资格和业务素质的要求，应考虑将其学历标准从中专提高到大专。严格控制农业科技推广机构中行政后勤人员的比例，该比例最多不超过 13％。对于进入农业科技推广机构的专业人员，应当进行类似于公务员的资格考试，考试由省级部门统一安排。农业科技推广机构用人制度的改革，还应包括实行聘任制和辞退制等配套措施，目的是建立起一种激励机制和动态的人员管理机制，这也是与整个事业单位改革的大趋势相适应的。

改革的难点是现有人员的分流问题。总的说可以采取"留"、"退"、"转"、"辞"等办法。对于一时难以转岗的人员，可以在一定的过渡期内（例如 5～8 年之内），按照一定的标准发放补贴（例如原来工资待遇的 70％～80％）。这样，既有利于平稳地解决人员分流问题，又不增加财政负担。同不改革相比较，这样做，在短期内财政负担不仅不会增加，还有所降低；从长期看，将对减少财政负担更为有利。

三、经费收支制度和管理体制变革

在实行职能重新定位和机构改革的基础上，农业推广部门实行统收统支制度和全额拨款，取消差额拨款和自收自支。

用于农业推广的经费应由三部分组成：人员经费、固定业务经费和专项补助费。前两项是保证政府农业科技推广部门较为固定的日常性和常规性业务工作开展的需要，人员经费应与当地公务员的标准相同，而固定业务经费可按照人员经费的标准以同等数额配备，并根据地方的财力情况不断提高。专项补助费应根据具体任务确定，无论是政府农业推广机构，还是非政府农业推广机构，都可以接受委托承担所涉及的项目，并获得相应的专项补助费。项目经费来源可以是国家、省级政府和县级政府。对于跨地区性的重大项目，应当由中央财政设立项目并承担相应的经费，例如农村沼气技术的推广和人畜废弃物的处理等。

管理体制与经费问题是密切联系在一起的。如果学习国外的方式，实行全国统一管理的国家农业技术推广体制，将更为有效和有利，这是长远的发展方向。按照以上改革思路，所有的国家农业科技推广人员都由中央农业管理部门负责管理，并负担相应的经费支出，所需经费总量并不是很大。按照 30 万人的编制，平均每人每年的工资和固定业务费以 3 万元计算，所需经费不过90 亿元左右。如果在短期内难以实行全国统一的体制，可鼓励有条件的省率先实行省一级统一管理。

四、非政府机构的参与

逐步扩大允许非政府机构服务的范围，将那些不一定非由政府机构完成不可的职能向非政府机构开放，形成在一些领域中政府农业推广机构与非政府农业推广机构并存的竞争局面。2005年中央一号文件明确提出要深化农业科技推广体制改革，加快形成国家推广机构和其他所有制推广组织共同发展、优势互补的农业推广体系。有研究人员指出，最有活力的体系是私人和公共部门之间的联合和协作。只有这样才能保证纯粹公共部门的研究工作更有活力。国际的经验也表明，公共部门与私人的联合项目比任何两者独立的行动会更加有效率（W. lesser，D. R. Lee，2000[97]）。因此，各种类型的农业科技示范园区、农业高校、科研院所、涉农企业和农业专业技术协会都将成为农业推广事业的重要力量，特别是近几年来迅速崛起的农产品行业协会将在建立与农业产业带相适应的跨区域、专业性的新型农业科技推广服务组织发挥不可替代的重要作用。政府推广事业的部分职能将逐步让位于农民专业技术协会，如在向会员提供病虫害防治、技术培训、推广和咨询服务、农产品检疫服务以及市场促销服务等项服务中，协会将显示出自愿的民间组织的优越性。

第七节　创新体系的阶段目标和实施步骤

（一）启动阶段：成立"国家农业科技推广创新体系建设领导小组"

由国务院牵头，组织农业部、科技部、教育部、中编办、财政部等中央有关部门以及各地方政府，成立全国和各省"农业科技推广创新体系建设领导小组"，并设立领导小组办公室，负责制定全国或地方农业科技推广创新体系建设实施方案，制定相关政策，出台相关配套措施，领导实施"国家农业科技推广体系创新工程"，监督检查创新体系建设的进展，协调解决建设中存在的各种问题。

（二）实施阶段：实施"国家农业科技推广体系创新工程"

充分把握各级农业科研中心、农业科技试验站和农业科技推广站3个系统的内涵和本质，以及这3个子系统在新型农业科技推广创新体系中的区别与联系；要与目前国家正在组织实施的公益类科研机构改革、农业高等教育体制改革和基层农技推广体系改革相衔接，同时从农业科研中心、农业科技试验站和农业科技推广站3个子系统着手，全方位推进新型农业科技推广创新体系建设。新型国家农业科技推广创新体系，是以构建全国公共农业科研推广服务体系为主导。因此，具有面向市场能力的农业技术创新活动的主体，主要是涉农企业或私人机构。这与目前国家对农业科研机构与科技推广体系的改革方向和基本精神是一致的。在系统推进农业科技推广体系创新建设的过程中，要采取积极有效的措施，切实解决目前拟按企业化管理的农业科研机构及非营利科研机构中经营性资产剥离的问题；切实解决基层农业科技推广体系改革中经营活动、非技术推广性政府职能的剥离以及人员分流难的问题；积极探索农业高校、科研院所建立农业科技试验站的管理方式和经验。

从农业科研中心、农业科技试验站到农业科技推广站，全国公共农业科研体系将保持从基础研究、应用研究到示范推广的完整性。并通过在农业高校、省级科研院所设立国家或省级农业科技试验站，把全国农业科研、教育和推广工作有机地联系起来（见图6-3）。

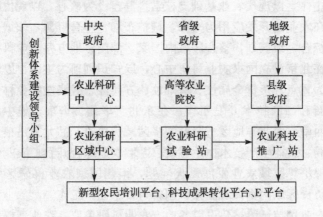

图6-3 国家农业科技推广创新体系示意图

Fig 6-3 National Agricultural Sci-tech Extension Creative System Sketch

（三）保障运行阶段：应设立国家农业科研中心、农业科技试验站、农业科技推广站3个专项建设基金，保障三大平台建设

创新体系建设是一项长期性的巨大工程，需要国家持续投入必要的资金，以增量激活存量，带动农业科研中心、农业科技试验站与农业科技推广站的建设。由中央财政经费分别设立国家农业科研中心建设基金、国家农业科技试验站建设基金和农业科技推广站建设基金，由"国家农业科技推广创新体系建设领导小组"负责，分别支持农业科研中心、农业科技试验站与农业科技推广站分属的新型农民培训平台、科技成果转化平台和E平台的建设。基本建设完成后，将这3种基金分别转变为"农业研究与发展基金"、"农业科技试验站基金"和"农业科技推广服务基金"，以分别长期支持农业科研中心、农业科技试验站与农业科技推广站的研究、试验与科技推广活动。

（四）功能发挥阶段：实现科技供求对接

农业科研中心的建设，以农业部所属农业科研单位、教育部所属农业教育机构、中科院属涉农科研单位与各省级农业科研单位为主体，以现代农业基础支柱学科群建设为核心，以现代高新技术在农业的开发应用为支撑，调整布局、整合资源，依据全国农业综合一级区划，整合区域内国家、部门、地方各农业科技力量；在北京设立国家农业科研中心，以知识创新为主体、以原始创新为重点，负责全局性、基础性、方向性、战略性农业科学知识创新和高新技术开发工作；在东北、华北、华东、华中、华南、西南、西北等地区，紧紧围绕区域优势农产品尤其是粮食生产布局、农业生产技术体系建设、区域农业综合开发、农业生态环境保护等区域农业发展重大问题，组建国家农业科研区域中心，负责区域内重大农业知识创新与技术创新工作。

农业科技试验站建设以各地方农业科研单位、农业高校为主体，依据全国农业综合二级区划，以各省级、各地区级农业科研机构和各省级及省级以下农业高校为基地，根据区位优势和基础条件，分别组建国家级、省级农业科技试验站，主要从事与各地农业有关的应用研究，以及先进适用技术的试验、配套、熟化、示范与培训等，直接服务当地农业生产。原则上，未进入农业科研中心的省级农业科学院，都需转变为一个国家农业科技试验站。

农业科技推广站在现有基层农业科技推广体系的基础上，结合全国基层农技推广体系改革试点进行建设。在全国 2 860 个县（含 830 个市辖区），根据当地农业生产的实际需要，以现有农技推广队伍为基础，剥离政府行政职能和经营性业务，精干人员队伍，建立县乡垂直管理，以综合性服务为主的基层公益性农技推广服务系统，直接面向"三农"服务。

第七章 农业科技推广创新体系的创建与运行

第一节 农业科技推广供给主体间的博弈

"博弈（game）"一词来源于棋弈、桥牌及战争中所使用的术语，即人们遵循一定规则下的活动，进行游戏的人的目的是使自己"赢"。简称参与人从各自的动机出发相互作用的一种状态，即关涉各参与者在冲突和竞争情况下为如何寻求最大收益的问题。在市场经济条件下，任何个体和组织都有着各自的偏好，追求自身利益的最大化，即理性"经济人"在农业科技推广过程中，各行为主体基于自身不同的利益诉求而进行各种行为博弈。[98]农业科技推广创新体系是一个以农业科研为基础，以农业推广为纽带，以高新技术产业化为特征，以推广主体协同发挥整体作用的总体创新体系；是一个在特定地域内与农业科技创新相关的组织、机构和实现创新所构成的网络体系；是以服务于农业经济、社会发展为动力，以开创农业经济发展为己任，以提升农业成果转化能力和效率为目标的新体系。在农业科技推广创新体系中，政府、农业高校、科研机构、涉农企业、星火学校、农业专业技术协会等为创新主体，良性互动。制度、政策和环境相互协调，技术、人才、资金等创新要素协同作用，从而实现科技资源的有效集成和合理配置。

农业科技推广供给主体间的博弈是一种正和博弈，即博弈各方的利益都有所增加，或者至少是一方的利益增加，而另一方的利益不受损害，因而整个社会的利益有所增加。

1. 政府　既定的施政纲领和管理体制决定了历届政府必须尽力完成工作任务，现阶段全面建设小康社会和三步走战略目标促使政府必须发展农业经济，加大对公共品的投入，加快农业科技推广也是政府的奋斗目标。

2. 农业教育机构　21世纪，改革和发展方向表明，产学研结合，主动走出校门，投身于经济建设主战场，在为经济建设作贡献的同时体现自己的生存价值，成为农业高校、科研院所的生存和发展的必由之路，承担推广项目，参与基地建设和新型农民培训是其投身经济建设切入点。

3. 涉农企业　市场型的科技推广会对企业带来经济效益，企业为了追求利润，迫使其参与科技推广和社会化服务。

4. 农业专业技术协会　其作用和功能决定了它必须面对市场竞争，对会员提供产前、产中和产后服务，提高农民的组织化程度。

那么，各供给主体参与到什么程度为宜呢？这里运用讨价还价博弈模型进行分析。假设农业科技推广可用于分配给各主体的资源总额为1个单位。如果政府首先提议自己要求得到 X_1，而其他主体的份额则为 $X_2 = 1 - X_1$，之后，其他主体决定是否同意这一提议，如果同意，博弈则结束；否则，便轮到其他主体提议，然后政府再决定是否同意该提议，如果不同意，博弈结束，双方都得到零支付（因为政府支出是受到限制的），如果同意，博弈也结束，双方得到的份额就是其他主体的提议。由于博弈双方都希望尽早得到资源，因此便存在尽快结束博弈的动机。为了表述这种迫不及待，我们赋予将来份额一个折扣因子 δ（$0 \leqslant \delta \leqslant 1$），于是，在第2个时期，如果其他主体提出的自己的支付额是 y_2，留给政府的应该是 $1 - y_2$ 的话，则最终分配的支付值分别是：其他主体得到 δy_2，政府得到 $\delta(1 - y_2)$[99]。博弈的扩展式表示如图7-1所示：

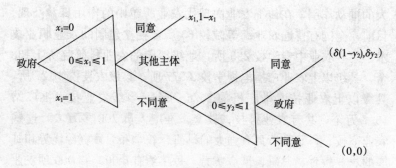

图 7-1　两期轮流博弈模型

Fig 7-1　Take twice turns game model

此时，博弈还是有许多纳什均衡，运用逆向归纳法可以看到只有一个子博弈完善衡（SPE）：$(1-\delta, \delta)$。在一开始的时候，政府知道如果它提议留给其他主体的份额 x_2 小于 δ，那么其他主体就会表示不同意，并在其后第 2 轮的提议中要求 $y_2 = 1$ 以获得支付 δ。所以一开始的时候，政府最好提议 $(1-\delta, \delta)$，这也就是惟一的 SPE。事实上，在这个博弈中增加时期的数量也不会场改变只有一个 SPE，这是一个基本的结论。并且，罗宾斯坦（1982）已经证明，即使轮流的次数为无限范围时，这种讨价还价还是只有惟一的 SPE。不过，如果政府与其他主体对资源的态度不一样的话，则会有两个折扣因子，因此更为一般的支付结果为：$\left[\dfrac{1-\delta_2}{1-\delta_1\delta_2}, \dfrac{\delta_2(1-\delta_1)}{1-\delta_1\delta_2}\right]$。依次类推，在下一次博弈过程中，假定是农业高校和其他主体之间的博弈，则可分配的资源总量为 $1-X_1$ 或者 $\delta(1-y_2)$[100]。

第二节　农业科技推广创新体系
"三大平台"建设

• 农业高校、科研院所对农业科技发展和农村社会进步具有巨大的推动作用，在传统农业向现代农业跨越中的作用日益凸现。目前，全国有普通农业高等院校 65 所，独立建制的农业职业技术学院和农业中专学校 293 所，地级以上的农业科研院所 1 138 个，县级以上农业广播电视学校 2 877 所，县级农技校 2 127 所，县级以上农业技术推广机构 2.24 万个，乡级农业技术推广站 16.7 万个，共有农业科技、教育、推广人员 200 多万人，这些农业高校、科研院所具有强大的科研、教学和人才资源优势和雄厚的农业教育、科研、推广实力，每年约有 6 000～7 000 项农业科技成果问世，其中不乏高新技术成果①。近年来，在杂交水稻、水稻基因组、动物疫病防控、林业生态等农业基础研究和高新技术研究方面获得重大进展；在动植物良种选育、节水灌溉、人工林营造、气象预报、防沙治沙等一大批关键技术和先进实用技术的开发应用方面取得重大突破。同时，涉农企业是实现农业产业化和农民增收的重要载体，是农业科技成果转化过程中最有活力、效率最高的环节，特别是龙头企业，既是一个生产中心、加工中心，又是一个信息中心、服务中心和科研中心，对农业经济的发展起到全方位的推动作用。另外，在市场经济条件下，农户分散经营的现实，客观上拉动了农业专业技术协会的遍地开花，据不完全统计，至 2005 年底，全国已成立的诸如养猪协会、水产品协会、蔬菜协会、养蜂协会、花卉协会等各类农村专业经济协会超过 13 万个，联系 1 020 万个农户，这些农村专业经济协会，为农业先进实用技术的推广应用，改善农业生产条件，提高农产品质量和经济效益，增加农民收入及农业和农村发展起到了重要的推动作用。农村专业技术协会坚持举办种植、养殖、加工的技术交流活动，推广农业新技术、新成果、新品种，开展农村实用技术培训，使农民得到实实在在的好处。

---

① 参见农业部信息中心 2004 年 4 月 26 日《构建新型农民职业教育培训体系，全面推动农村小康社会建设》。

如果遵循现代农业发展规律，在政府的支持、监督、协调下，依托全国 65 所普通农业高等院校、各级农业科研院所和涉农企业的资源，建立科技成果进村入户的新通道，减少农业科技推广的中间环节，加速科技成果的迅速转化，发挥科技在社会主义新农村建设中的支撑作用，完成传统农业向现代农业的跨越，为全国农业科技推广创新做出示范。那么，对于解决中国农业科技成果转化率低和农业科技成果贡献率低的问题，以及为全国农业科技推广的改革提供新的思路方面，都将起到积极的作用。

一、创建的内容

建立以农村科技示范基地为主体，以农业科技培训和信息咨询服务网络为支撑"一体两翼"的科技推广平台，逐步形成技术示范、技术培训、信息传播等 3 种技术成果扩散体系，促进农业科技成果进村入户。

1. 建立科技试验、示范体系 通过各级科研院所（包括农业高校的科研基地）的农村试验、示范基地建设，集成、组装和示范推广国内外农业最新成果，建立示范样板，做给农民看，引导农民学，帮着农民干，指导农民依靠科技开展生产，实现增收。

2. 建立新型农民科技培训体系 依托农业高校、职业技术学院、中专院校师资力量、教学设备，结合农业示范基地建设和农业科技推广项目，加强新型农民科技培训，培养适应新时代的新型农民，提高农村整体科技文化素质。

3. 建立信息传播体系 依托涉农企业的资金、技术和产业化经营经验，结合新农村信息化建设，在地方政府的协调下建立"农民网吧"。通过信息咨询服务网络建设，为农民提供科技、市场等综合信息，指导农民科学生产、科学决策、科学经营。

二、基本框架

在政府支持下，以农业高校、科研院所、涉农企业为依托，以市场为引导，联合涉农企业、农业专业技术协会，根据农业区域资源和产业特色，创建农业先进实用新技术示范推广和农业高新科技成果转移的新型推广体系。主要包括信息、培训和转化体系3个平台。其体系的建立以管理平台为基础，以成果转化平台为核心，以信息和培训平台为支撑，相互联系，相互促进（见图7-2）。

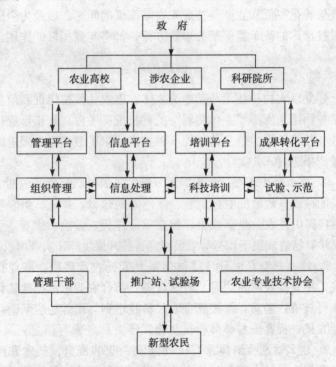

图 7-2　以农业教育机构、企业为依托的推广体系示意图

Fig 7-2　The Extension System Sketch Rely on Agriculture Education Organization and enterprise

三、依托涉农企业创建科技示范 E 平台

依托涉农企业的资金和技术，建立与政府科技信息网站联网

的现代化信息网络体系，实现农业科技成果信息的资源共享和迅速传递。通过各类信息的汇集分析、处理、集成与发布，及时为农业科技人员、农民提供最新技术信息，为地方政府决策提供参考。同时联合电脑制造商、网络运营商、信息提供商、农业软件开发商进行开放式农业科技示范 E 平台建设。利用互联网的手段推进科技示范，将对于提高农民科技文化素质、加快农村信息化建设步伐、提高农业科技成果转化率都具有重要意义。它是继口口相传、文字传播、音频传播和电视图像传播农业科技之后的又一种新型手段[101]。它将组织与农业科技信息化传播相关联的资源，即政府、电脑制造商、网络运营商、信息提供商和农业软件开发商等 5 个方面的力量共同参与，充分发挥各自的优势，集中解决了利用互联网进行农业科技成果示范时农民没有电脑、设计的内容没有针对性、农民看不到上网带来的利益等制约因素，加快了农村的信息化建设步伐。

（一）五个参与主体的角色与任务

政府在平台建设中占主导地位，主要作用是引领农业信息化发展方向，明确农业信息化建设重点，强化农业公共信息服务，改善农业信息化宏观调控，确保农业信息化顺利推进，在建设项目启动阶段，政府宜给予补贴并组织推广；电脑制造商参与的主要意义在于提供廉价耐用、功能简捷的 PC 机，推动电脑在农村的普及；网络运营商则做到网络在农村的普及和稳定性保障；信息提供商能采集技术、市场、经营、环境和服务等信息，及时、有效地根据农民需要提供信息；农业软件开发商开发适合农民使用的农业软件。在实施过程中，企业应尽量降低信息费、网络费、电脑费用，信息费和网络费宜打包收取；农民利用获取的技术提高产品竞争力，在市场上多获利，用一部分支付电脑费、网络费和信息费。五个方面的共同参与，既减轻了农民和当地政府的负担、又为经营者提供了商机，使网络通向农村成为现实[102]（五个方面的利益和投入见表 7-1）。

表 7 - 1· 农业科技推广 E 平台建设 5 方面参与者利益和投入情况

Table 7 - 1 The E Terrace Constructs Benefits and Devotions Complexion of

5 Kinds of Delegates of Agricultural Sci & Tech Extension

部 门	支 出	收 入	收入来源
政 府	基础建设、科技推广	社会效益	
电脑制造商	制造费用	电脑销售利润	农民支付，政府支持
软件开发商	软件开发	政府支付	项目争取
信息提供商	信息的编辑	信息费	农民支付
网络运行商	信息通道使用	网络费	农民支付

(二) E 平台的主要特点

1. 功能体现开放化 该平台为开放式平台，通过优质服务吸引农业信息提供者（可以是公司、科研机构、个人）能够参与平台信息的采集与提供，方便在后期运作中持续发展；对于使用者来说，方便检索和人机对话，适合农民了解信息，尽量让农民无障碍接受。

2. 内容设计通俗化、实用化 从技术层面、交易层面、管理层面和增值运营层面分别设计，使运行方便管理，使农民从电脑上得到实惠，多采用图像、视频、音频等多媒体方式，使专业知识通俗、实用，易于接受和理解。（内容设计见图 7 - 3）。

3. 信息运行集成化 通过电脑这一工具，把农科通软件、信息内容、网络运行集成，农民买到电脑，就等于买到了农业科技信息服务。通过链接安全认证、管理、物流、支付、银行、GIS (geography information system 地理信息系统)、ERP (企业资源计划 Enterprise Resource Planning)、SCM (供应链关系管理 Supply Chain Management)、Portal (门户网站) 等各种平台，使用户得到各类信息[103]。建议国家和省级农业数据中心形成标准统一的实用数据库群及完善共享机制，建设好国家农业综合门户网站、县级农业信息服务平台和乡镇信息服务站，使"统一接入平台"和"其他平台的集成"的信息丰富、可靠。

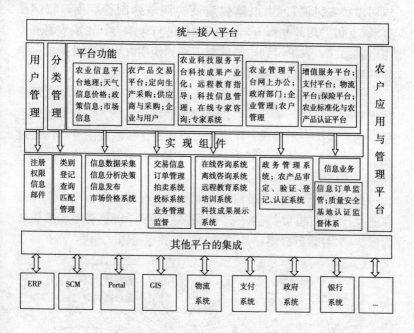

图 7 - 3　E 平台功能和内容设计

Fig 7 - 3　The Plan of E Terrace Roof Function Content

（三）E 平台的运行机制

按照政府引导、补贴、监督与市场化运作的总体思路，采用市场机制、现代企业管理制度和政府参与的运行模式驱动。按照项目管理的模式，成立"农业科技推广 E 平台建设领导小组"和信息服务中心。在政府适当补贴和监督下，负责各运营商的关系协调和平台的运行维护，中心实施平台建设，做到既不损伤农民利益，又使公司保持较好的积极性。

信息来源由公司和农业高校、科研院（所）签订协议获取，同时利用平台开放式的特点，与有信息提供能力的科研机构或者公司合作，多方提供信息（包括国外农业信息）。

市场推广由各运营商共同推进。例如电脑、网络、软件都可以叫做"农科通"。由电脑供应商协调电脑制造厂商,将网络(能够支付费用的上网卡)、农科通软件打包制造,形成农科通专用电脑品牌;农民卖到电脑就能上网和使用农科通软件;农科通软件和信息的更新由项目组开发。

地方政府(市、县)支持项目在当地的实施,划拨项目经费在起初给予启动。平台的搭建通过争取项目实现。收入通过信息费、平台运作费用构成。同时还可以报请上级农业主管部门通过发文推动项目在各地的实施。具体事宜由各运营商与当地政府签订推广协议大范围推广。

此系统工程减轻了政府单独实施信息化建设的负担,在传播农业科技信息的同时又解决了农民多数长期不能拥有电脑的瓶颈因素。(平台运行机制和参与者的相互关系见图7-4[104])

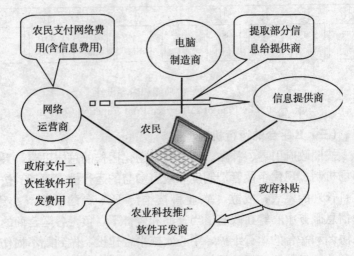

图7-4 E平台运行机制和参与者的相互关系图

Fig 7-4 The E Terrace Circulates Correlation Between Mechanism and Participant

(四) E平台的体现形式——"农民网吧"

在条件具备的行政村开设"农民网吧",专人管理,有偿面向全村农民开放，逐步实现每村一个。在项目启动阶段，可以由政府提供补贴，网吧所有权归村集体，私人承包经营。在城乡结合部设立这种网吧将有广阔的市场需求。

（五）E平台建设中需要关注的主要问题

1. 协调好五方面的关系是建设基础　政府、电脑制造商、网络运营商、信息提供商、农业软件开发商五大方面的关系的协调和相互制约是基础。例如，国家农业高新技术产业示范区——杨凌在项目建设之初，英特尔公司有意参与项目建设。英特尔公司是全球最大的电脑芯片制造商，全球70%的电脑使用英特尔的芯片。该公司与电脑制造商有着良好的合作关系，可以协调电脑制造商甚至网络运营商，其最终利益为出售电脑芯片后的利润，示范区管委会应代表政府协调各个企业。

2. 争取政府补贴是建设得以实施的保证　农业信息化是全面建设小康社会的基石。2006年中央1号文件把"积极推进农业信息化建设"作为现代农业和社会主义新农村建设的一项重要内容，《2006—2020年国家信息化发展战略》中明确提出要集中精力解决信息服务"最后一公里"问题。国家商务部、农业部、发改委、科技部等都在农业信息化建设方面有投资。充分利用政府启动资金，分项目实施，再逐步盈利，是完全可行的。

3. 满足农民信息需求，是平台可持续发展的根本　整个平台的内容设计应针对农民信息需求的实际进行，信息资源必须是丰富和实用的，注意加快内容更新速度，适应农民对科技需求的专业化、多样化特点和价值取向的变化，只有吸纳更多的农民上网，E平台才能生存和发展。

四、依托农业高校建立新型农民科技培训平台

《全国农业和农村经济发展第十一个五年规划》提出"十一五"期间需培训农民1亿人。该平台将通过农业高校、职业技术学院、中专院校的带动作用，逐步形成从中央到省、地、县、乡

建立一个相互连接、上下贯通的农民科技教育培训体系，科学规划、组织和协调农民教育培训机构参与农民科技培训，从而有效地整合农业教育资源，提高农民科技教育培训资金的使用效益，提高培训效果。再利用现有农业广播电视学校体系或农业科技培训机构，逐步建立和完善以农业部农民科技教育培训中心为龙头，以各级农业科技教育培训中心为骨干，以高、中等农业院校、科研院所和农业技术推广机构为依托，以企业与民间科技服务组织为补充，以县、乡、村农业技术推广服务体系和各类培训机构为基础的农民科技培训体系。在全国逐步构建一个资源整合、优势互补、手段先进、功能齐全、管理规范、灵活高效与农村经济发展规模和要求相适应的全国农民科技教育培训体系。

（一）培训对象

1. 对乡村级干部及其后备干部的培训　发展农村经济不仅要引入现代科学技术，还必须用现代市场经济观念来组织和管理。作为乡、村两级干部，必须掌握相应的现代管理方式、方法和技能，用以制定当地经济发展规划，开辟生产门路，调整产业结构，优化劳动力结构，引入竞争机制，以促进本地经济的腾飞。要具备这些知识和能力，没有一个系统的推广教育和培训过程是不能实现的。

2. 对乡镇企业经理及其后备管理人员的培训　发展乡镇企业是中国社会主义建设的特色之一，是解决中国农民问题，增加农民收入的最佳途径。乡镇企业的管理人员来源于农村，尽管他们对小农经济式的生产过程比较熟悉，但对企业管理、经营决策等商品生产知识则普遍缺乏。乡镇企业管理人员决策、管理水平的高低，直接影响到企业的生存和发展。如果企业的管理人员是行家，就可以选择生产适销对路的产品。能保证产品质量过硬，合理使用生产资料和原料，降低产品的生产成本。不断扩大市场，不断提高企业的经济效益。因此，提高乡镇企业管理人员的科学管理水平和生产骨干的技术水平，应是农业科技推广教育和人力资源开发的重要内容之一。

3. 农村科技人员和后备技术力量的培训 农村对科学技术和人才的需求是多学科、多层次的，人才问题是发展农村经济的根本。培养数以百万计的掌握现代科学技术的人才，是发展农村现实生产力的关键所在。对这些人才的培养，选择的对象必须是具有初、高中文化程度，再经过比较规范的推广教育和培训，才能适应经济发展不同阶段不同层次的需要。

4. 对各种专业户、示范户和生产骨干的培训 农村专业户、科技示范户是农村新生产力的代表。他们从事某一项生产，运用某项专门技术，能够提供较多的商品性农副产品。同时，他们也是农村扩散新技术成果、帮助农民运用新技术发展生产的二传手。他们在促进农村经济深化改革、推动农村生产走向专业化、社会化、商品化过程中发挥了很好的作用。所以，从他们产生之日起，就表现出强大的生命力。因此抓住对农村专业户、示范户和生产骨干的推广教育和培训，将会对全国农村经济发展产生不可低估的作用。

5. 推进农业劳动力向非农领域转移的培训 加速农民的从业分化，让更多的农业劳动力实现"农转非"，是农村经济发展的必然趋势。增加农村剩余劳动力择业的途径有两条，一是就地非农化，大力发展乡镇企业和第三产业，加快农村小城镇建设步伐；二是异地非农化，走出故土，离开家园，异地就业。劳动力的转移不只是数量比例上的变化，从根本上是劳动力素质的变化。因为这些已转移出的劳动力从事的行业有工业、交通、运输、饮食、服务等多种领域。只有通过一定的教育和训练，提高这些劳动力的文化科技素质和职业技能，才能实现合理的转移、流动，使农村劳动力结构得到优化。

6. 对农村妇女的培训 农村妇女在世界各国农业、农村发展中都发挥着无法替代的作用（联合国粮农组织，1990）。农村妇女劳动力当今已经成为中国农村经营农业产业的主力军，在中国农、牧业劳动力中，妇女劳动力要占 70％以上。农村妇女由于受其社会地位的影响，受教育的程度要比男劳动力差，迅速提高妇女劳动力的素质，开发中国农村妇女的智力资源，是中国农业发展的一个战略问题。而农业科技推广教育，在这方面有不可替代的作用。

（二）培训原则

1. 分类培训原则　面向农村基层干部、青壮年农民、农村妇女、后备农民以及企业家等不同培训对象，按照不同区域、不同产业、农村经济发展不同程度，采取形式多样、内容各异的分类培训。

2. 支持服务产业的原则　立足于区域经济、科技资源的现状，围绕各地的农业优势产业和特色农业开展培训。培训以农村经济建设为中心，以产业为依托，以市场为导向，以农民增收为目标，为地方农业产业结构调整和产业化经营服务。

3. 创新性原则　农民科技教育培训体系的构建必须坚持改革创新，运用创新理论来研究新概念与新模式的开发、新目标的确定、新的配套政策与保障体系的建立等。从宏观体系构建的研究到微观的创新研究，逐步形成一套完整的农民科技教育培训体系建设的研究体系，努力创建适应新时期需要的农民科技教育培训体系及运行机制。

4. 坚持联合培训的原则　农业科技培训是一项宏大的系统工程，需要多方驱动，多部门联合。联合中央农业广播电视学校、全国农业技术推广服务中心、高中等农业（职业、成人）院校、省农业广播电视学校、省农业技术推广服务中心、地市农业科研院所、地市农业广播电视学校、县农业广播电视学校、县农业技术推广（培训）中心、各类农业（农村）职业技术学校、企业及民间组织的培训机构、乡镇农民科技教育培训中心、成人文化技术学校和乡镇农业技术推广（培训）等培训机构，共同开展农业科技培训工作[105]。

（三）培训途径

1. **在高校和科研机构举办各类专业的培训班** 农业教育机构发挥自己校内教学资源丰富的优势，开设各类农业专门技术的短期或者长期的培训班，吸引和组织农业部门的技术人员，文化基础好、接受和应用能力强的农村专业户和致富带头人，进行系统的农业生产专业知识培训和操作实践培训，在培训结束时会进行一系列的考核并颁发相应的结业证书。

2. **同企业或专业协会联合开展科技培训** 随着中国农业产业化的不断发展，企业和农村专业合作组织（协会）已经成为农业产业化发展中的重要角色，也是农村科技服务的重要组成部分。农业教育机构通过与同企业或专业协会联合，针对一些产业链长，附加值高，带动面广的农业产业，特别是一些订单农业，组装农业科技知识，编著具体的实用技术教材，以提高从业者素质，促进产业发展为目标对产业的从业人员开展产前、产中、产后的一系列科技培训。

3. **专家深入田间地头开展科技培训** 农业生产有鲜明的季节性和地域性差异性，在生产中遇到的具体问题往往各不相同。农业专家根据农时及时地深入学校示范基地或者农民的田间地头，就某个具体生产问题进行培训，并解答农民的咨询。这种培训形式，对农民科技文化素质的要求较低，群众喜闻乐见，操作性强，形式灵活，效果明显，并且在一定程度上结合了专家的科研活动，是当前农业教育机构进行农民科技的主要形式之一。

4. **媒体方式培训** 组织有关专家编印先进实用农业宣传技术手册、宣传资料，采用电视广播、互联网开展信息发布、现代远程培训等。培训过程中，要因地制宜，综合应用，灵活掌握以上四种方式，以提高培训效果[106]。

（四）培训内容

根据区域资源优势、生产现状，围绕农业主导产业开展科技培训。以陕西为例，根据陕西省农产品优势区域和农业主导产业发展状况，突出果业和畜牧业两大主导产业，主要抓好苹果绿色食品、高效畜牧养殖、无公害设施农业、优质红枣和核桃、优质猕猴桃、中药现代化种植技术、农产品质量安全、青年星火带头人、农村妇女技术骨干、农业科技现代管理知识等十个方面的培训，以专业技术教育为主，兼顾劳动者综合素质培养。

五、依托科研院所建立科技成果转化平台

依据区域农业生态条件、产业特色、资源状况和农产品优势区域划分，依托各级农业科研院所的科研优势，按照优势学科与优势产业相结合的原则，建立综合性、专业性相结合的农业科技示范基地，构建教学、科研、推广于一体的科技推广平台，促进产学研的紧密结合。

（一）农业科技示范基地的功能

展示农业新品种、新技术、新工艺、新成果；开展部分农民科技培训；提供科技信息、技术咨询和服务；培育、指导龙头企业和农村经济组织；开展科学研究和中试；学生生产实习和技术实践。

（二）农业科技示范基地作用

为农民"探路子、做样子、教法子"，展示以农业教育机构的最新成果，体现农业高校、科研院所特色和优势；促进产学研紧密结合，增强学校社会化服务功能；推动区域农业主导产业发展，带动农民增收致富。使示范基地成为新品种、新技术和市场信息的服务窗口，在新品种、新技术引进试验、示范、优选的同时，指导农民种植养殖，有效地引导了本地农业由数量规模型向质量效益型转变；由零星分散向集中连片规模生产转变；由粗放栽培向规范化栽培转变；由农民不知种什么、怎么种、种多少、卖给谁，向心中有数转变，有效解决生产与市场脱节的问题，为农民提供全方位科技服务。科技人员成为既有理论知识，又有实践经验的一专多能推广能手；做给农民看、领着农民干；使农技

推广从指导命令式转向示范引导，促进农技推广机制创新。

（三）农业科技示范基地创建措施

在现有农村试验、示范基地数量和规模的基础上，增加基地数量，提高基地质量，丰富基地形式，扩大基地影响。发挥"试验示范基地、优良种苗繁育基地、实用技术培训基地"的作用；使之成为上联农业科研单位，中间依托农技推广机构，下面联结千家万户的农业科技成果快速转化的绿色通道。坚持不断创新，才能增强示范场的生命力，关键在于创新良好的运行机制，才能避免示范基地变成新包袱，要推进"三项创新"，即：机制创新、技术创新、管理创新。制定优惠政策鼓励基层农技推广人员领办和参与创办农业科技示范基地，并积极为示范基地争取税收、信贷和土地等方面的优惠条件；搞好规划，突出主导产业就有望发挥作用，按照市场经济的规律，制定规划和实施计划，各地农业主管部门要抓紧修改实施方案。紧密结合当地的产业结构调整和农业主导产业发展需要，做好新品种、新技术的引进、示范工作，要一业为主，多业参与，综合服务。在农业产业化中发挥组织带头作用，为农民进入市场架起桥梁。将科技示范基地办成科技创新的主体，带动当地进行产业结构调整，推动农村经济的稳定快速发展。要培养典型，总结经验，充分发挥典型的带动作用，"点亮一盏灯，照亮一大片"，让示范基地的星光辉映农村一片天空。

（四）农业科技示范基地布局设想

农业科技示范基地的创建没有统一的模式，各地应结合自身条件，因地制宜、因势利导。下面以国家杨凌农业高新技术产业示范区为例来说明。根据区内农业高校、农林科学院近年基地建设现状，初步设想改造、新建以下示范基地：

1. 根据生态区域建立的科技示范基地　根据陕西关中灌区、渭北旱原、陕北丘陵沟壑区、长城沿线风沙区、陕南秦巴山区农业生态区域，结合陕西农产品优势区域划分，按照陕西提出的稳粮、扩油、增菜、优果、兴牧的农业发展思路建立 20 个农业科技示范基地。

关中灌区：建立杨凌农业综合科技示范基地，扶风秦川牛科技示范基地，陇县奶牛养殖示范基地，杨凌酿酒葡萄科技示范基地，岐山辣椒示范基地，渭南临渭优质粮食生产综合示范基地，咸阳渭城蔬菜综合示范基地，西安灞桥花卉示范基地。

渭北旱原区：建立渭北优质苹果产业化示范基地，合阳旱作农业综合示范基地，渭北果品加工示范基地。

陕北丘陵沟壑区：建立陕北高效畜牧养殖综合示范基地，陕北经济林果示范基地。

长城沿线风沙区：建立榆林生态农业综合示范基地，米脂杂粮出口创汇示范基地，定边沙地产业综合示范基地。

陕南秦巴山区：建立镇坪中药材示范基地，丹凤林特产业示范基地，城固油菜综合示范基地，石泉蚕桑示范基地。

2. 结合地方政府建立的示范基地　根据西北区域特点，突出特色产业，加强原产地域农产品保护，建立 10 个农业科技示范基地。

青海省：建立青藏高原畜牧业示范基地，青海黄南州中药材示范基地。

甘肃省：建立陇东旱作农业综合示范基地，河西走廊玉米制种示范基地，陇西特色瓜果示范基地。

宁夏回族自治区：建立宁南中药材示范基地，固原旱作农业综合示范基地，宁夏高效畜牧业示范基地。

新疆维吾尔自治区：建立新疆优质多抗棉花示范基地，新疆特色瓜果示范基地。

第三节　农业科技推广创新体系的运行机制

创建农业科技推广创新体系，是中国农业和农村经济发展进入到新的历史阶段的必然选择，是农业高校产学研发展的必由之路，是农业科技创新体系建设的必然要求。建立科学、合理、高效的运行机制是确保农业科技创新体系创建的重要保障。

（一）管理机制

创新管理机制，结合事业单位改革推行专业人员全员聘用制、技术职务竞争上岗制、目标责任考核追究制和激励约束机制，报酬、荣誉与绩效挂钩，奖勤罚懒，促使科技人员加强学习与实践，努力提高自身素质，提高服务质量。同时，要制定优惠政策及激励机制，放宽放活科技人员，鼓励和支持他们去领办、联办各类专业协会、服务实体、农业科技示范园区（场），激励他们承担技术承包项目、开展群众性的技术培训、技术咨询和致富信息服务等。充分发挥农业高校科技优势，整合各种资源，将管理、培训平台建设纳入学校的整体规划和工作之中，统筹考虑，周密部署，遵循农业高等院校的运行规律，按照农业现代管理知识，制定和完善相关激励政策、管理办法，建立激励机制、监督管理机制和考核评价机制，鼓励、吸引更多的科教人员参与推广体系建设。按照现代企业管理制度对涉农企业进行改制并组建新的企业，确保农业科技推广创新体系的顺利实施。

（二）人才机制

随着经济发展、科技进步和广大农民各种社会需要的提高，社会对农业科技成果转化人员提出了更高的要求。建立一批数量足、素质高的农业科技推广人员队伍，对振兴农村经济，发展农业生产，促进农村社会全面进步具有十分重要的意义。建立和完善农业高校、科研院所、涉农企业、农业专业技术协会科技推广专家（科技人员）数据库。农业科技示范项目、基地实行首席专家负责制。首席专家主要由农业高校著名专家教授组成。项目、基地推广人员实行首席专家和科技推广人员双向选择招聘制。人才招聘根据示范项目、基地和产业发展需要，实行动态管理。在农业科技推广过程中，以项目、基地为纽带，吸纳基层技术推广人员和涉农企业优秀人才，建立协作和利益关系，以充分发挥科教人员、涉农企业、农业专业技术协会和基层科技推广人员等多方面的积极性。项目、基地结束后，合作关系也就终止。

（三）保障机制

1. **经费保障**　农业科技推广是一项社会公益性事业，离不开国家在政策和经费上的支持。要切实加大政府对农业科技的投入力度，突出支持农业科技成果的转化和技术创新，特别要保障基层农业科技推广机构的人员的工资供给和工作经费。农业高校科技推广创新体系经费主要由国家设立专项资金，以项目任务下达。对于涉农企业参与，产业化程度较高，效益明显的产业化项目，以企业投入为主，并积极鼓励专家入股、个人集资等多种形式筹措资金，和高校、科研单位共同协作建立农业科技推广体系。逐步建立以国家投资为主、社会经济组织为辅的多元化投资体系。

2. **组织保障**　实行产学研、农科教相结合，建立开放、流动、竞争、协同的运行机制，优化配置农业科学研究、农业教育和农业科技推广资源，加强协调，通力合作，形成合力，切实加强农业科技创新能力和提高农业科技成果转化率。对项目的推广要实行推广单位一把手责任制下的课题组负责制，每个推广项目都有专门的技术人员牵头来进行，同时注重推广网络的建设，使推广网络不乱、线不乱，做到村村都有示范户。

3. **人员保障**　稳定现有农业科技推广队伍。同时创新人员使用机制，实行一套能激发推广人员主动性、积极性和创新精神的人才使用机制，结合人事行政管理部门推行的事业单位全员聘用制，实行岗位聘任，根据单位职能，重新定编、定岗，按照市场经济法则，以竞争促进步，运用竞争机制进行人才的选拔聘用，竞争持证上岗，并建立完善的岗位管理制度，真正做到人员能进能出，职务能上能下，待遇能高能低，鼓励冒尖，促进优秀农业科技人员、农业推广人员脱颖而出，实行利益向关键岗位倾斜，多劳多得，贡献大奖励高。

（四）激励机制

在所有推广主体中，农业教育机构人才济济，具有多学科、多专业的农业科技推广人员，在资源配置、创新团队建设方面优势明显。因此，必须建立适合市场经和农业发展要求的良性循环人才机制，出台政策，激励农业教育机构科教人员积极投身于技术创新与推广。要进一步建立和完善科技推广奖励制度，更好地利用激励机制，重奖直接从事推广体系的有功人员。对那些取得重大成绩、创造显著经济效益的人员要给予重奖。要加大农业技术推广项目获奖人员的比例，科技推广奖要与其他奖励享受同等待遇。在职称评聘工作中，把科技成果的转化情况作为考核科技人员的主要内容，要适当增加高级专业技术职务岗位数额，以引导科技人员和科技管理人员加强科技成果的推广应用。

调整科技成果鉴定和奖励的评价取向。目前许多科技成果是直接为报奖和评定职称服务的，其技术成熟度比较差。为鼓励科研机构从一开始（即选题立项时）就立足于开发涉农企业接受后便可应用的成熟技术，有必要对目前的科技成果鉴定和奖励政策进行调整，将申请鉴定和报奖的科技成果的实用性和技术成熟度作为重要的评价依据，使科技成果的鉴定和评奖过程更好地为科技成果转化服务。科技成果鉴定和奖励的评价取向的这种调整，应成为促使科研院所工作重心转移的有效杠杆。

科研人员的收入由工资制改为项目成果收入，即按项目成果收入的一定比例支付科研人员的薪金，实现科研成果商品化、市场化、专利化。保护科研院所和科研人员的知识产权。农业基础科学的研究有益于整个社会，国家的项目由国家相关部门定价收购付款，有偿使用。科研人员作为人力资本投入者，获得股权、年终分红，同时也承担科研风险，使科研人员不仅成为涉农企业的劳动者，而且也是涉农企业产权的所有者。

第四节　中国农业科技创新体系的主要特点

本书提出的农业科技推广创新体系是适应现阶段中国农业发展需要和为解决"三农"问题而进行的开创性工作，它是对现阶段中国以政府推广机构为主体的推广体制的一种必要补充和优化，是中国多元化推广体系的一种创新形式，其主要特点体现在：

1. 提高了科技成果转化速度　通过现代管理机制和信息、培训、成果转化平台的建设，为农民提供了信息、为农村培养了人才，为农协、企业进行了示范和指导，将信息、人才、示范、生产连为一体，实现了教育、推广和生产的有机结合，信息传播途径畅通、成果推广路径缩短，使高等院校和科研院所的科研成果很快传递到农民手里，提高了科技成果转化速度。

2. 实现了农科教、产学研紧密结合　该体系以成果转化平台为核心，集科研、教学、推广和学生实习于一体，在示范推广农业新品种、新工艺、新技术、新成果的同时，了解农业生产中的实际问题，并通过农业生产信息反馈，促进了科研、教学工作的方向调整和纵深研究，实现了教学、科研、推广的三位一体，加强了产学研的紧密结合。

3. 加快了信息交流和知识更新　该体系受教育部或农业部直接领导，业务工作以学校学科建设、科技创新建设和企业研发为主，受政府干扰较少，克服了政府推广体系受双层领导，即既受上级业务主管部门领导，又受到上级行政部门领导，业务工作往往受到行政干扰的弊端。该体系以推广主体自有成果为主，成果转化路径缩短，转化速度较快，并且各主体、科研条件优越，科教人员学习、培训机会多，信息交流快，知识更新容易，克服了政府推广体系推广人员学习、培训机会较少，知识更新慢，容易老化的弊端。

4. 密切了与基层推广部门的合作 该体系以项目、基地为纽带，吸纳基层科技推广人员参与科技成果转化，建立合作利益关系，使高校、科研院所和企业科技人员与基层科技人员各负其责、相互协作、扬长避短。前者主要提供技术、成果，开展科技培训，建立示范样板，制定推广方案，基层科技人员主要组织农民学习、应用，普及新技术、新成果。这样就调动了各方面的积极性，体现了多元化推广体系的特点。

5. 加强了与市场的结合 该体系以市场为导向，以"科技＋协会＋农民"等形式为农技协提供信息、技术指导和培训，通过协会组织农民，解决农民的组织化问题；为企业提供高新成果、信息和培训，通过企业带动农民，调动了企业研发的积极性，延长了产业链，提升了农产品的附加值和市场竞争力，推动农业产业化发展。协会、企业根据市场变化调整思路和生产方式，促进农产品产业化、市场化。同时，农业高校、科研院所的科技示范也结合当地资源、产业和市场不断调整示范内容，与市场有机地结合起来。

总之，该创新体系符合高等院校、科研院所、推广机构和涉农企业的发展规律，适应国际农业推广发展的趋势和现阶段中国农业发展实际，它是对中国现行推广体系的改革和完善，也是中国多元化推广体系的一种创新形式，对提高科技成果转化率，有效解决"三农"问题的具有重要意义。

第八章 中国农业科技推广创新体系创建的政策建议与对策

第一节 政策建议

如何立足于小农为基础的中国农业基本经营体制，建立起有利于农业技术创新、有利于农业科技产业化的新型农业科技推广体系，已经成为发展现代农业的一个重大课题，它对于提升中国农业的市场竞争力、增加农民收入、实现农业的可持续发展具有重要的现实意义。推广体系改革与发展的经验表明，消除不利于农业科技推广的制度障碍是一项涉及基本理（观）念、法律制度、组织机构体系以及具体政策等一系列方面的综合性改革。特别是在中国加入 WTO 以后，还要受到国际规则的制约。因此，农业科技推广体系创新，难以从体系内部自身改革中得以实现，它向现有的法律环境、行政体制、政策制定机制以及传统观念等提出了挑战。

（一）通过制度化的程序，进行改革中创新

（1）要扫除农业推广体制中阻碍农民增收的各种制度安排，更新观念，采用法治经济、而非计划经济的方式推进改革。

（2）法律法规应当成为指导推广体系改革和政策制定的基础，一切政策制定都应当在现行法律的框架内进行，而不是某届政府的"个人"行为，最核心的认识问题是要建立以国家自主创新为主体的科技推广体系，以国家而不是民营企业作为技术创新

的主体。如果在此问题上摇摆不定，农业推广体系的创新将出现战略上的偏差。

（3）在市场经济条件下，农业科技推广组织已不再是单一的、封闭的，而是多样的、开放的、灵活的，这就要求政府采取相应的措施，对推广创新体系加以规范，制定相应的激励政策。

（4）随着中国农业产业化进程的加快，农业面向国际国内两个市场，农业科技创新与推广政策制定如果仅仅局限在农业内部，政府发挥作用的空间将越来越小，因此它需要放在整个农村发展政策框架下进行，并且必须与国际规则相接轨、相吻合。

（5）修改《农业技术推广法》，并尽早出台农业科技推广法实施条例，明确国家新型农业推广体系的经费主要由中央财政负担；明确各级推广组织的职责范围。建立和健全知识产权保护的法律。

（二）政府应加大对农业科技推广的经费投入

加快农业科技推广创新体系建设，是中国农业科技及农村经济发展的迫切需要，是保障农业持续发展的迫切需要，也是当前中国农业科技战线的紧迫任务。从中国农业生产实际出发，必然需要政府加大投资力度，逐步建立以政府投入为主，多渠道并存的农业科技投入机制。建议农业科技投入与农业 GDP 的比达到0.25∶1，2015 年达到中等发达国家水平，并用法律形式确定农业科技推广经费应占农业总产值或者财政总支出的适当比例。进一步通过引进竞争机制规范资金管理和项目择选行为，建立农业教育机构科技推广专项资金，扶持农业高校、科研院所科技推广。国家各级政府部门要在科技项目、基地建设等方面继续加大对农业高校、科研院所的投资额度，改善科技环境，稳定科技力量，提高科技创新水平和成果质量。另外，中国农户生产规模小，经营分散，组织化程度低，多数农民科技素质还很低，各级政府要推动农业生产发展，促进农民增收致富，就必须加大科技培训和网络平台建设的经费投入，提高广大农民的科技文化水平[107]。

（三）建立一支高素质的专职农业科技推广队伍

农业高校、科研院所、涉农企业和农技协中都具有多学科、多专业的农业科技推广人员。他们大部分具备了职业道德素质和业务素质两方面的要求，不仅具有献身农业、奋发进取的精神；而且具有严谨认真、科学求实的态度；只有充分发挥这支推广队伍，才能加快农业科技推广创新步伐。因此，必须建立适合市场经济和农业发展要求的良性循环人才机制，出台政策，使农业科教人员积极投入科技创新与科技推广工作当中。进一步完善在农业教育机构实行以全员聘任制为重点的多种用人制度，改革现行职称制度，推行岗位职务聘任制；建立科技人员竞争上岗机制，创造一个"公平、公正、公开"的竞争环境，实行按岗定酬、按任务定酬、按业绩定酬的分配制度；重视对科技推广优秀人才的培养和使用，促使优秀人才特别是青年人才脱颖而出，尽快走上关键岗位。

（四）建立科技示范、农民培训和网络平台

农村科学试验示范基地是科技推广的基本手段，是连接科技与农民群众的桥梁。农业示范基地建设工作的主要内容是树立样板，进行引导，以点带面，带动区域农业经济的发展。因此，应联合科研院所，按照全国生态区域，以农业资源高效综合开发利用和可持续发展为重点，建设一批农村科技试验示范基地。按照地域、科技、效益、生态和管理五个标准，打破行政区界，统一规划，合理布局，突出重点，杜绝重复，功能要相对齐全，具有综合性和超前性，达到国内先进水平，能覆盖规划区内农业发展的主要领域，代表经济、生态发展的技术目标和方向。进一步加大国外先进农业科学技术引进、消化与吸收，集成、组装、配套推广农产品深加工与转化、旱作节水农业、优质高产高效农作物生产、动植物重大病虫害防治、农业信息化应用、农药生产创制、高效畜禽养殖与快繁、高效设施农业无公害生产、生态循环经济农业利用等一批农业先进科学技术。特别是通过国家有关部

委的"948"引进项目、丰收计划、跨越计划、天保工程、星火计划、重大推广计划、火炬计划等重大项目的实施，加快先进科学实用技术的普及与推广。新型农民培训和 E 平台建设都是农业科技推广创新体系建设的重要内容，在此不再赘述。

（五）与现行政府行政管理体制的改革结合起来进行

创新型的农业科技推广体系要逐步摆脱对行政区划体制下政府管理体制的依附性，按照生态区域、农业区划、区域农产品的要求建立。农业科技推广机构根据科技成果的特点划定实施范围。

（六）体系建设中应充分发挥农民合作组织的作用

各种协会代表农民利益，组织成员是新技术、新品种的使用者的特殊身份，决定了其在保护、增进农民利益方面，在推广使用新品种、新技术、新农机具，改善农村信息条件、开展农民培训方面具有其他组织形式所难以替代的作用。特别是对于市场适用范围小、技术专用性较强的实用技术开发，农技协更是一支不能忽视的力量[108]。

（七）产学研紧密结合，完善现代农业科技供给体系

努力改变过去农业科研、教学、开发条块分割的状况，强化科研院所与农业高校针对重大项目的联合攻关，把农业企业主要定位为农业科技成果转化的重要基地，密切三者之间的联系，实现优势互补，缩短项目研究时间，提高成果转化效率，完善现代农业科技推广创新体系[109]。

（八）重视软科学研究成果的推广转化

1. 重视对软科学的研究和推广

（1）决策层领导要科学决策，形成"实践→软科学→法律→政策→实践"的良性循环，如果政策干预法律，法律束缚科学研究，软科学不能来源于实践，这样软科学就没有发展空间，科学决策就无法实现。

（2）提高软科学研究成果的地位，具体做法是：增加对软科学研究的经费投入，各级政府应逐年提高比例，并把软科学研究

经费列入各地科技经费计划中，各级地方政府除逐年提高软科学研究经费占科技三项经费比例外，还要积极开辟其他经费渠道，包括在地方财政申请专项费用，吸引企业、社会团体及个人的资金支持，以及国际资助等，使软科学研究经费占科技三项费用的比例应不低于5％；引进激励与约束机制：制定《软科学研究成果奖励办法》，并于硬科学成果奖励达到同等水平，补充现行的行政管理处罚条例和公司法，对不进行科学决策，因管理失误而造成损失的决策者，根据情节依法制裁。

（3）改革并完善现存的政府和企业决策咨询机构，成立专门的政府和企事业单位政策咨询委员会，选拔或招聘具有实力的软科学研究、实践工作者，专职或兼职从事软科学推广工作，委员会应成为政府或企业合法机构。

（4）重视成果推广应用，大力开展宣传工作，通过举办讲座、报告会、展示会等形式，有计划地做好推广工作。

2. 提高软科学研究成果的推广管理水平

（1）建立软科学研究成果的评价体系。软科学研究成果验收评价指标应包括以下内容：①经济效益与社会效益：该指标主要考察和衡量成果已产生或可能产生的直接和间接、近期和远期的经济效益与社会效益；②对决策科学化与管理现代化的作用和影响：主要考察成果对国家、部门、行业重大决策所产生的影响程度以及推动管理现代化实践所起的指导作用；③学术水平：考察课题研究方案和研究方法是否先进科学；④难易程度和复杂程度：用来衡量研究难点、复杂点的含量以及需要协作的规模；⑤系统性与严谨性：衡量成果资料是否齐全、数据是否可靠、论据是否充分、定量分析是否准确；⑥创新性：衡量成果新思想、新理论、新观点、新概念含量多少；⑦可行性与适用性：衡量成果提出的决策方案、政策建议、实施措施是否可行以及成果的适用范围是否广泛；⑧科研效率：考察研究人力、物力、资金和时间投入是否经济、合理。

（2）重点推广应用一批软科学研究成果。优先推广的软科学研究成果应具备的条件：①成果在理论上、方法上必须成熟、可靠、先进、科学；②成果对提高和改善各级各类决策与管理水平具有重大现实意义；③成果具有直接或间接、近期或远期重大经济效益和社会效益；④成果完成单位与应用单位对成果推广应用具有较高积极性；⑤成果应用单位和部门具备相应的人力、物力、财力和其他必需条件。

第二节 对策之一：建立农业科技成果分类管理体系

一、把握农业科技成果的主要特点

1. **商品性** 农业科技成果尤其是物化类有形成果有较强的商品性。物化成果本身既有科技含量和应用价值，又有物质含量和一般商品价值。

2. **时效性** 任何一项农业科技成果的科学性、先进性都是相对的，随着科技的不断发展，新的科技成果必将代替旧的成果。

3. **生态区域性** 农业生产受到自然条件和农业市场双重因子的制约。中国幅员辽阔，不同地区地理位置。地形、地貌不同，光、热、水、土等自然环境条件差异甚大，很难出现通用型的成果，这是农业成果与工业成果的最大区别。

4. **效果的不稳定性** 农业生产是一个露天工厂，处于开放的系统中，具有明显的季节性和地域性。在漫长的生长发育期间，可能受到偶然的多种不可控气象因素的影响，技术效果不像封闭系统的工业成果那样稳定，常出现"同因异果"或"异因同果"现象。

5. **综合性和相关性** 农业科技成果的应用可以是单项技术措施，也可以是多项技术组装的综合技术，综合技术效果的总和一般低于各单项技术效果的简单累加，但任何一项单项技术都不能像综合技术那样使农业生产提高到一个崭新的高度。

6. 不可逆转的时序性　植物、动物生产需严格按时序性发展，不可跳跃或逆转，虽具有一定自我调节的能力，但受时序性特点的限制，这种自我调节能力是有限的。

7. 持续性和应用的分散性　在应用时间上有较长的持续性，当某项技术成果，经过反复试验、示范，被人们认可并采用后，随着对各技术环节掌握程度的逐渐提高，相关工具相继配套，技术的最大潜在效果可以得到最有效的发挥，该技术在当地将会持续使用较长时间。一般很难被其他更先进技术取代。有时也会将新技术关键创新部分移植嫁接到原技术中，使原技术更为完善，并继续在生产过程中发挥作用。在技术效果和表现方面，它不仅表现在当季或当年，而且往往会体现在参与生产过程后的若干年。

二、对农业科技成果进行分类管理

"农业科技纲要"启动的新的一轮改革方案试图将科研机构按照提供的科研成果性质进行细化，以求集中力量，增强农业科研公共物品的供给能力。农业技术成果分类的标准和方法很多，可以分别从农业技术的权属、农业技术的应用效应、农业技术授受双方对农业技术对象的信息了解程度和农业技术的适用规模等方面进行划分[105]，综合起来，目前主要有以下分类方法（见表 8 - 1）。进行分类管理的目的就是便于发现适宜尽快转化的科技成果。

表 8 - 1　农业科技成果分类情况

Table 8 - 1　Agricultural Sci - Tech Production Categorize Circumstance

① 按产权	排他农业科技	成果持有人能够独占技术产权，技术用户必须征得技术持有人的同意和支付技术价款才能得到和使用的技术
关系	非排他农业科技	成果持有者难以独占技术产权或难以保守技术秘密，技术用户不用征得技术持有者的同意和不用支付技术价款（技术转让费）就能得到和应用的技术

（续）

②按应用效应	独立性农业科技成果 非独立性科技成果	在成果应用过程中，对除技术用户以外的任何他人都不发生有利或不利影响的技术。这类技术只与技术使用者本人的经济利益发生关系，不具有外部性（externalities） 在成果应用过程中，对技术用户本人和他人都有某种有利或不利的经济影响的农业技术成果，具有外部性或外溢性（spillovers）
③按信息程度	信息对称性农业科技成果 信息非对称性农业科技成果	成果供求双方对农业对象本身的特性、效益等都有全面、完整、系统地了解和认识的农业科技成果。在技术转让中难以实施技术欺诈，较为公平，成果转化较易进行 成果授受双方对农业技术对象本身的特性、效益等了解、认识水平不一样的农业科技成果。成果转化易发生欺诈行为，较易受到阻滞
④按应用规模	规模性农业科技成果 非规模性科技成果	受经营规模（如种植面积）约束较强的农业科技成果 受经营规模约束不强的农业科技成果。如良种技术、新肥料等
⑤按存在形态	有形科技成果 无形科技成果	利用生物的生活机能，通过人工培育以取得粮食、副食品、饲料以及工业原料的科技成果 以劳动者的知识、技能、技巧以及生产模式等形态存在的农业科技成果
⑥按应用领域	林业成果 畜牧业成果 水产业成果 涉农工业成果	用于培育和保护森林以取得木材和其他林产品，利用林木的自然特性发挥社会、经济、生态功能的科技成果 用于利用动物的生活机能，通过饲养、繁殖以取得畜产品或役用牲畜的科技成果 用于以水生经济动物、植物资源为开发对象，进行捕捞和养殖水生动植物，以取得水产品的成果 用于农林牧渔等产品储藏、保鲜、加工及农业生产资料生产加工的成果
⑦按功能作用	具有经济功能的成果 具有社会功能的成果 具有认识功能的成果	在生产中推广应用，能直接产生经济效益并且用定量指标可计算出经济效益的成果 在技术应用过程中，不能产生显著的经济效益，但能产生明显的社会效益和生态效益的成果 一般指基础理论研究和应用基础研究成果

（续）

⑧按水平层次	农业传统技术	指从历史上沿袭下来的农业技术成果
	农业常规技术	指目前广泛使用的、以无机能量投入为代表的现代农业技术
	农业高新技术	指建立在农业最新科学成就和当时科技发展最高水平基础上，具有前瞻性的当代农业技术成果。如生物技术和信息技术等，它具有高度的创新性、渗透性和增长性
⑨按照研究领域	基础研究成果	在农业科学领域中发现或认识的自然现象、特征和规律
	应用研究成果	在农业技术领域中创造的新产品、新技术、新工艺、新方法等，可用于农业生产实践
	开发研究成果	对研究成果进行的后续试验、开发、应用、推广直至形成新产品、新材料、新工艺等活动，提高了现实生产力
⑩按学科性质	软科学研究成果	以社会科学为基础，提出的新观点、新方法、新思路和新模型，对农业经营管理方式、方法有重大改进和创新
	硬科学研究成果	以自然科学为基础，研发的技术路线、技术发明、技术原理或技术措施等

第三节 对策之二：根据农业科技成果转化的客观规律建立评价体系

一、农业科技成果转化的过程

农业科技成果由潜在生产力向现实生产力转化的全过程，是科学技术在多部门、多环节和多种要素共同作用下，全面实现其技术价值、经济价值和社会价值的动态过程。从图 8-1 可以看出，这个过程始于农业生产之前，贯穿于整个农业生产过程之中，并延续到农业生产过程以后。其间，科技成果要发生时间、空间和形态的变化，并依次经过技术的创新、中试、转移、扩散、选择、吸纳、采用和评价等众多的环节，也就是包括产出成果到传播成果再到采纳应用成果形成产品、商品的过程。在这个转化过程中，科学技术由潜在的生产力转化为现实的生产力的规模、速度、方向和效果等受转化目标、转化条件、转化机制、转化主体及行为等多种因素的影响和制约。

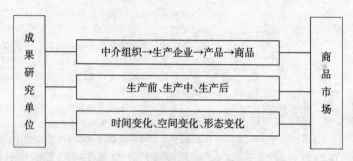

图 8-1　农业科技成果转化过程

Fig 8-1　Agricultural Sci - Tech Production Converts Process

一项具体的农业科技成果通过鉴定以后进入试验阶段（即再创造阶段），以此作为原点，以转化过程所需时间 T 为横坐标，以推广应用效益（或推广总量，如面积等）Q 为纵坐标，其运行轨迹为一条抛物线（图 8-2）。当运行轨迹进入衰退期后，该项成果则进入一个自然消亡的过程。但由于农业科技成果转化工作是在不断的进行之中的，在一项成果进入衰退期之前，新的、更好的同类科技成果又已逐步进入了示范发展期，逐步取代原有成果在同一生产领域中的作用。这样这条曲线去掉衰退期部分即成为一条 S 形的曲线，农业科技推广学称之为 S 理论。根据这一理论，农业科技成果转化过程包括试验期（将推广体系为技术并对成果进行再创造）或中间试验阶段、成果示范阶段（将成果进行实际应用，示范给农民，引起农民的兴趣，鼓励农民去效仿以达到成果尽快转化的目的）、成果发展阶段（推广体系迅速扩大，实现经济效益，这是推广体系的主要效益阶段）、成果成熟阶段（度过这一阶段，则意味着推广体系过程的终结）和成果衰退阶段，从而完成一项科技成果的转化周期[110]。

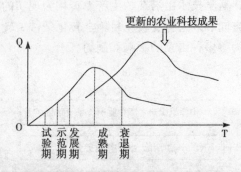

图 8 - 2　农业科技成果转化周期

Fig 8 - 2　Agricultural Sci - Tech Production Converts Cycle

　　这就要就在进行某一项科技成果转化时首先要根据成果分类进行筛选，要想转化成功，必须选好成果。其次，在实验示范阶段要不断对成果进行补充和完善，包括综合实验、配套技术的组装配套、完善推广转化方案和改善产品配方等。最后进入大面积、大范围推广普及阶段，掌握应用的人数愈多、推广应用面积越大、转化效益也就越大。

二、农业科技成果转化的评价指标

　　农业科技成果转化的评价，主要是评价农业科技成果向现实生产力转化过程中，人力、物力、财力的投入效果（冬青，1987[111]；刘志斌等 1995[112]；俞克纯等 1998[113]）。为了提高不同类别成果的可比性，使评价由定性转向量化，一般采用：

$y = \sum_{n}^{1} x_i \cdot j_i$ 公式使其量化，式中 y（$0 < y \leqslant 100$）代表某个成果的量化分值，x 代表需评价的指标值（$0 < x \leqslant 100$），i 代表评价指标的个数（$i = 1$，$2 \cdots n$），j 代表某个被评价指标在全体被评价指标中所占的权重（$0 < j \leqslant 1$）。例如对甲、乙、丙三个成果进行评价：三者的得分及评价指标权重见表 8 - 2。按上述公式计算，成果甲 $= 60 \times 0.2 + 80 \times 0.25 + 90 \times 0.3 + 30 \times 0.05 +$

$80\times0.1+70\times0.1=75.5$ 分，按同样方法计算出成果乙为 55 分，成果丙为 62.5 分，见表 8-2 最后一列。一般可采用单位规模的产量、产值增减量，对某些资源的利用率，对某种指标的提高率、降低率等对单项成果进行评价。

表 8-2 三个科技成果化打分情况

Table 8-2 Quantitative evaluation of three research achievement

评价目标 Objectives	学术价值 Academic value	创新程度 Renovation degree	经济效益 Economic efficiency	难易程度 Difficulty	生态效益 Ecological efficiency	社会效益 Social efficiency	总价量 Total value
目标权重 Weight	0.2	0.25	0.3	0.05	0.1	0.1	1.0
甲	60	80	90	30	80	70	75.5
分项得分 乙	80	50	20	40	50	60	55.0
丙	50	30	100	40	60	60	60.5

1. 产量增减量（IDN$_i$）

IDN$_i$＝y$_i$－x$_i$ y$_i$＝新技术单位面积（或规模）的产量（或产值），x$_i$ 代表对照技术单位面积产量（或产值）。I＝1……n 为评价的指标个数。

2. 某些指标的生产率（PR$_i$）

$PR_i=\dfrac{y_i}{x_i}$ y$_i$＝第 i 个指标的生产量，x$_i$＝第 i 个指标的面积或规模。

3. 某种资源的利用率（Ur$_i$）

$UR_i=\dfrac{y_i}{x_i}$ y$_i$＝新技术第 i 个资源指标的实际利用量，x$_i$＝第 i 个资源的总投入量。

4. 某种指标的提高率（IR$_i$）

$IR_i=\left(\dfrac{y_i}{x_i}-1\right)\times100\%$ y$_i$＝新技术第 i 个指标的具体数量，它可是绝对值，也可是相对值。x$_i$＝旧技术第 i 个指标的具体数量，它可以是绝对值，也可是相对值。

5. 某种指标的降低率（DR$_i$）

$$DR_i = (1 - \frac{y_i}{x_i}) \times 100\% \quad y_i \text{ 和 } x_i \text{ 与式中意义与 IR 中相同。}$$

6. 单项农业科技成果的转化可用这项成果的覆盖率表示

覆盖率（或推广率）＝实际推广规模/应推广规模×100%

7. 多项农业推广情况可用农业科技成果转化率指标进行评价

推广率（R） $\qquad R = \frac{at_0}{a_0 t} \times 100\%$

式中 a_0＝研究成果数，a＝实际转化成果数，t_0＝正常转化周期，t＝实际转化周期。一般，$t < t_0$ 表明成果不够成熟。

8. 推广度 是反映单项技术推广程度的一个指标，指实际推广规模占应推广规模的百分比。

推广度＝实际推广规模/应推广规模×100%

多项技术的推广度可用加权平均法求得平均推广度。

9. 推广率 是评价多项农业科技推广程度的指标，指推广的科技成果数占成果总数的百分比。

推广率＝已推广的科技成果项数/总的成果项数×100%

10. 推广指数 成果的推广度和推广率都只能从某个角度反映成果的推广状况，而不能全面反映某单位、某地区、某系统（部门）在某一时期内的成果推广的全面状况。为此，引入"推广指数"作为同时反映成果推广率和推广度的共同指标，可较全面地反映成果推广状况。因此，推广指数为综合反映科技推广状况的综合指标。推广指数可表示为：

$$推广指数 = \sqrt{推广率 \times 推广度} \times 100\%$$

11. 平均推广速度 是评价推广效率的指标，指推广度与成果使用年限的比值。

平均推广速度＝推广度/成果使用年限。

东北农业大学王慧军博士曾用以上参数测定了河北省 13 个农业科研、教学单位 1986—1991 年的 744 项农业科技成果，其转化状况（见表 8 - 3）。

表 8 - 3 河北省 13 个农业科研、教学单位 1989—1991 年 744 项农业科技成果转化

Table 8 - 3 Transfer of 744 agro-scientific achievements of 13 units in Hebei province

成果类别	成果数量（项）	已推广数（项）	推广率（%）	平均推广度（%）	推广指数（%）	平均寿命（年）	平均推广速度（%/年）	科技总投入（亿元）	科技总产出（亿元）	新增总纯收益（亿元）	平均年纯收益（亿元）	投入产出比
软科学成果 B	85	33	38.8	51.8	44.8	3.2	16.2	1.18	23.39	22.21	6.94	1 : 19.82
种植业成果 C_1 育种 C_{1-1}	40	23	57.5	28.0	40.1	4.6	6.1	1.17	25.14	23.97	5.21	1 : 21.49
栽培 C_{1-2}	100	62	62.0	34.4	46.4	4.0	8.7	20.23	132.01	111.78	27.62	1 : 6.53
土肥 C_{1-3}	32	19	59.4	21.9	36.1	3.9	5.6	7.03	9.46	2.43	0.62	1 : 1.35
植保 C_{1-4}	72	34	47.2	28.8	36.9	3.9	7.4	3.71	10.07	6.36	1.63	1 : 2.71
农业机械 C_{1-5}	75	18	24.0	24.5	24.3	2.8	8.8	2.79	5.65	2.77	0.99	1 : 1.99
区域开发 C_{1-6}	56	37	66.1	48.5	56.6	3.8	12.7	7.44	53.38	45.94	12.09	1 : 7.17
应用及开发类成果 C 林业类成果 C_2	47	17	36.2	20.2	27.0	3.7	5.5	1.58	11.47	9.89	2.67	1 : 7.26
果类成果 C_3	58	32	55.2	46.8	50.8	3.5	13.4	1.62	5.03	3.41	0.97	1 : 3.19
水利类成果 C_4	46	14	30.4	20.9	25.2	4.8	4.4	0.47	7.24	6.77	1.41	1 : 15.40
畜牧类成果 C_5	59	40	67.8	19.8	36.6	3.7	5.4	0.65	4.81	4.16	1.12	1 : 4.40
贮藏加工类成果 C_6	32	16	50.0	11.7	24.2	3.4	3.4	1.48	6.47	4.99	1.47	1 : 4.37
C 类 合计	617	312	...	...	...	...	...	48.17	270.64	222.47	68.54	1 : 5.62
C 类 加权平均	...	...	50.6	30.6	39.3	3.8	8.1	...	...	...	...	...
总评 B+C 合计	702	345	...	...	...	...	...	49.35	294.03	245.86	66.45	1 : 5.96
总评 B+C 加权平均	...	...	49.1	32.6	40.0	3.7	8.8	...	...	...	...	...

选用评价成果推广状况的 4 项基本指标（推广率、平均推广度、平均推广速度、投入产出比）进行动态聚类，以可转化成果该 4 项指标的总评结果（49.1，32.6，8.8，5.96）为参照指标，对聚类结果（见表 8-4）进行综合分析评价，其成果转化的程度大致可归为五个类型：

表 8-4　河北省转化农业科技成果用四项评价成果推广的指标动态聚类结果分析

Table 8-4　Dynamics analysis of transferable agro-scientific achievement in Hebei province with four evaluation systems

		一类	二类	三类	四类	五类
聚类重心值	推广率（%）	30.2	52.2	62.4	38.8	60.5
	推广度（%）	21.9	20.8	27.5	51.8	47.6
	推广速度（%/年）	6.2	5.5	6.7	16.2	13.1
	投入产出比	8.21	2.81	11.81	19.82	5.14
聚类结果		农业机械	土肥	育种	软科学	区域开发
		林业	植保	栽培		果类
		土木	贮藏加工	畜牧		
高值指标		投入产出比（农业机械除外）	推广度	推广率 投入产出比	推广度 推广速度投入产出比	推广率 推广度 推广速度
低值指标		推广率 推广度 推广速度	推广度 推广速度 投入产出比	推广度 推广速度	推广率	果类的投入产出比

（1）极低转化型。农业机械、林业和土木（水利）类成果大致可归为第一种类型，从聚类的重心值（30.2，21.9，6.2，8.21）可以看出，这一类型的主要特点是成果的推广率、推广度和推广速度远低于全省农业科技成果调查结果的平均指标，转化的程度极低，称之为极低转化型。提高推广转化程度的关键是全面提高成果的推广率、推广度和推广速度。

（2）低转化型。土壤肥料类、植物保护类和贮藏加工类成果大致可归为第二种类型，依据聚类重心值（52.2，20.8，5.5，2.81），这类成果具有较高推广率、低推广度和推广速度、投入产出比小的特点，其转化的程度效果比极低转化型要高，但比其他类型的成果低，我们称之为低转化型。主要是通过提高推广度，加快推广速度，加大投入产出比来提高推广的程度。

（3）中等转化型。育种类、栽培类和畜牧类成果大致可归为第三种类型，该类型聚类重心值（62.4，27.5，6.7，11.81）表明，这类成果推广率和投入产出比较高，但推广度较低、速度慢，与其他类型的成果相比属中等转化程度效果的成果，称之为中等转化型。加快推广速度，提高推广度，是促进这种类型成果推广的关键。

（4）较高转化型。软科学成果被归为第四种类型，根据聚类重心值（38.8，51.8，16.2，19.82），它以低推广率、较高的推广度、推广速度和投入产出比为特点与其他各类型的成果相区别，可称为较高转化型。进一步提高推广效果的关键是提高推广率。

（5）高转化型。区域开发类和果类成果大致归为第五种类型，其聚类重心值（60.7，47.6，13.1，5.14）表明，这种类型的成果除果类成果的投入产出比较小外，各项指标都高于河北省农业科技成果调查的平均指标，具有较好的推广转化程度，处于其他各类成果的前列，我们称之为高转化型。推广该类型成果过程的经验可供其他类型借鉴或参考。

三、建立农业教育机构科技成果转化绩效评价体系

评价农业教育机构科技成果转化绩效，是从整体上对农业教育机构内在价值的判断。这种价值判断，①可以从更高、更深的层次上把握农业教育机构面向社会、服务经济的成效；②有利于农业教育机构全面、正确的认识自身的长处和不足，紧紧围绕需求导向，适时改进科技成果转化工作，不断提高面向社会和经济建设主战场的活力；③有利于形成一种激励机制，成为一种促进农业教育机构之间竞争，发展的动力。

（一）评价指标体系框架

从分析农业教育机构的社会功能和自身特点出发，按照"导向性、科学性和应用性"的测评原则，从科技成果转化的潜力、现实力和转化环境等三个方面测度科技成果转化绩效，其评价指标体系和测度模型（见表8-5）。

表8-5 农业教育机构科技成果转化绩效评价指标体系

Table 8-5 Performance Evaluation System of Sci-Tech Production Convert in Agricultural Education Organization

一级指标	二级指标	三级指标
科技成果转化潜力 B_1	人力投入 C_1	科技活动人员 X_{1-1}
		研究与发展人员 X_{1-2}
	经费投入 C_2	基础研究经费投入 X_{2-1}
		应用研究经费投入 X_{2-2}
		开发研究经费投入 X_{2-3}
	智力投入 C_3	知识资本存量 X_{3-1}
	科研机构 C_4	科研机构数 X_{4-1}
	论著 C_5	国际三大检索期刊 SCI、EI、ISTP 收录论文 X_{5-1}
		国外期刊（会议）发表论文数 X_{5-2}
		全国期刊（会议）发表论文数 X_{5-3}
		地方期刊（会议）发表论文数 X_{5-4}
		科技专著（部）数 X_{5-5}
	获奖成果 C_6	国家项目奖励数 X_{6-1}
		省、部级项目奖励数 X_{6-2}
		地、市级项目奖励数 X_{6-3}
	知识产权 C_7	专利国内授权数 X_{7-1}
		专利国外授权数 X_{7-2}
科技成果转化的现实力 B_2	科研交流 C_8	出席国际学术会议次数 X_{8-1}
		出席国内学术会议次数 X_{8-2}
	成果转让 C_9	技术转让合同数 X_{9-1}
		技术转让实际收入 X_{9-2}
	产业开拓 C_{10}	生产经营性收入 X_{10-1}
	无形技术产品 C_{11}	科研咨询收入 X_{11-1}
		委托培养收入 X_{11-2}
		技术服务收入 X_{11-3}
	人才培养 C_{12}	研究生毕业人数 X_{12-1}
		R&D 人员晋升（成长）人数 X_{12-2}

（续）

一级指标	二级指标	三 级 指 标
科技成果转化的现实力 B_2	研究延伸及创新　C_{13}	校地、校企合作研究与创新 X_{13-1}
		其他科技计划资助和后续资助项目数 X_{13-2}
	外向发展　C_{14}	产品出口创汇收入 X_{14-1}
		技术出口创汇收入 X_{14-2}
		对外合作创汇收入 X_{14-3}
科技成果转化环境与效果 B_3	硬环境　C_{15}	科技成果转化基金 X_{15-1}
		推广人员数量 X_{15-2}
		平均推广速度 X_{15-3}
	软环境　C_{16}	推广度 X_{16-1}
		经济需求度 X_{16-2}
		科技成果转化率 X_{16-3}
		科技成果转化机制满意度 X_{16-4}
		单位社会赞誉度 X_{16-5}

（二）评价指标内涵

综合评价指标体系是递阶结构，共分为三级指标[114]。

1. 一级指标的内涵

（1）科技成果转化潜力。科技成果转化潜力是科技成果转化的潜在能力，即农业教育机构科研实力。它包括科技投入、科研进程和科技产出三个方面。具体划分为人力投入、经费投入、知识资本存量、科研机构、发表科技论著、获奖成果和知识产权等内容。

（2）科技成果转化的现实力。科技成果转化的现实力是对科学研究与技术开发所产生的具有实用价值的科技成果所进行的后续实验、开发、应用、推广直至形成新产品、新工艺、新材料，发展新产业等活动的能力。可具体划分成以下7项二级指标：C_8：科研交流；C_9：成果转让；C_{10}：产业开拓；C_{11}：无形技术产品；C_{12}：人才培养；C_{13}：研究延伸及创新；C_{14}：外向发展。

（3）科技成果转化环境与效果。科技成果转化环境是影响科技成果转化为现实生产力的外部条件的总称。推广的大环境主要受体系的影响，涉及政治、经济、金融等方面，科技成果转化的效果这里用转化率、推广度、平均推广度和社会赞誉度表示。

2. 二级指标的内涵

（1）人力投入。人力投入是农业教育机构科研开发的重要资源之一，根据从事的科研活动的程度的不同，可分为 2 个三级指标：X_{1-1}：科技活动人员；X_{1-2}：研究与发展人员[115,116]。

（2）经费投入。经费投入是高等学校的科技财力，是政府、涉农企业和学校对科研计划和项目的资金投入。这里，我们把它划分为以下三大指标：X_{2-1}：基础性研究经费；X_{2-2} 应用性研究经费；X_{2-3}：开发性研究经费[117]。

（3）智力投入。我们主要通过三级指标"知识资本存量"来评价智力投入。知识资本存量代表农业教育机构在其研究方向上的知识资本积累，是农业教育机构科研优势的表现，是农业教育机构 R&D 人员长期科研工作形成的知识积累[118]。可以采用永续盘存的方法构造知识资本存量。公式为：

$$RD_t = (1-\delta) RD_{t-1} + R_{t-1} \quad (1)$$

式中：RD_t——第 t 年初知识资本存量（不变价表示）；

RD_{t-1}——第 t-1 年初知识资本存量（不变价表示）；

R_{t-1}——第 t-1 年的研究经费投入（不变价表示）；

δ——知识的折旧率。

在永续盘存模型中，一个关键因素是期初知识资本存量的计算。按格瑞里斯（Griches，1980）推荐的方法，计算原始资本量。

$$RD1_0 = R1_0 / (g+\delta) \quad (2)$$

式中：RD_0——第 1 年年初的知识资本存量；

R_0——第 1 年的研究经费投入（不变价）；

g——研究经费在计算内的平均年度增长率。

计算期初的选择，一般以农业教育机构科研课题开始研究时算起。

（4）论著。科研活动目的在于探索科学规律，增进人类的知识总量。因此，知识形态的研究成果，即发表的论文、著作的数量，便成为衡量其科技成果转化潜力的重要标志。科技论文和专著也是农业教育机构的重要产出，采用一定的折算方法，可以综合考察农业教育机构在 1 年中发表论文的数量。在该指标下设立如下 5 项三级指标：X_{5-1}：SCI、EI、lest 收录论文数；X_{5-2}：国外期刊（会议）发表论文数；X_{5-3}：国内期刊（会议）发表论文数；X_{5-4}：地方期刊（会议）发表论文数；X_{5-5}：科技专著（部）数。

（5）获奖成果。获奖是对农业教育机构科研成果质量的肯定，采用一定的折算方法，综合考虑在 1 年中的所获奖励，可把它分为 3 项三级指标：X_{6-1}：国家级成果奖励项数；X_{6-2}：省、部级成果奖励项数；X_{6-3}：地、市级成果奖励项数[119]。

（6）知识产权。知识产权是科研机构的重要产出之一，也是申请了专利保护的科研成果，可通过一定的折算方法，综合考虑各种类型和水平的专利数。该指标包含 2 项三级指标：X_{7-1}：专利国内授权数；X_{7-2}：专利国外授权数[120]。

（7）科研交流。科研交流是农业教育机构就科技成果实际价值的评判、最新科技发展动态以及科技成果对市场前景的适应性等问题进行有效沟通，以便减小外界对科技成果实用性认同与接受的难度。具体包含出席国际学术会议次数和出席国内学术会议次数 2 项三级指标。

（8）成果转让（推广）。科技成果转让（推广）是科技产业化的重要手段，也是科研活动的重要环节。科技成果推广业绩的评估，重要依据成果推广为农业教育机构创造的经济价值来衡量。重要表现为一定金额的合同、为履行合同而从事的各项实际工作，以及创收入账资金数量等。

（9）产业开拓。产业开拓是作为科研成果所有权的拥有者，依托自身的科研优势开展生产性经营活动创收的能力，主要指的是校办产业的生产经营性收入。

（10）无形技术产品。无形技术产品是高校所具备的如咨询、服务在内的无形技术收入。

（11）研究延伸与创新。农业教育机构 R&D 的本质在于创新，即创造人类共有的新的知识，以及这些知识新的应用，实现科技向现实生产力的转化。这种延伸性表现在为国家其他的科技计划（如跨越计划、攻关计划、863 计划、成果推广计划、其他国内外发展计划和项目）、地方科技计划与项目，以及企业科研发展计划的相关性研究提供技术支持。下设 2 个三级指标：X_{13-1}：校地、校企合作研究与创新；X_{13-2}：其他科技计划资助和后续资助项目数。

（12）外向发展。外向发展是农业教育机构在对外技术合作、交流与应用中所实现的经营性收入。

（13）硬环境。硬环境是农业教育机构在促进科技成果转化过程中所投入的人力、财力和物力等条件。我们把它划分为科技成果转化基金、推广体系人员数量和平均推广速度 3 个三级指标。

（14）软环境。软环境在这里主要指的是科技成果转化的外在机制，包括政策、经济、法律等方面的体制，也包括高校、科研院所本身的品牌效用、推广度和转化率[121]。

对于软环境的测度，我们引入模糊数学的方法，把主观判断不确定性用具有区间概念的模糊数加以描述，最后用模糊数学的方法综合评估。

（三）评价方法

1. 测度指标的归一化处理　测度指标的归一化处理有均值转换、标准离差转换、区间差转换、最大值转换模型等，因考虑到指标的权重和尊重客观，采用最大值转换模型较为合理，其转换公式为：

$$C_{Tij} = 1\ 000 \cdot C_{ij}/C_{oma}$$

其中：C_{Tij}——第 i 个评价对象的第 j 项指标的等效值；

C_{ij}——第 i 个评价对象的第 j 项指标测算值；

C_{oma}——在评价区间第 j 项指标最大测算值。

考虑到各评价对象在规模上的差异大，为了保证计算精度，我们将计算结果扩大 1 000 倍。

2. 指标权重赋值 权重系数综合采用层次分析法和专家咨询法确定。下表列出指标权重，并以此作为全部项目的定量评价[122]。

一级指标（Ⅰ Class Index）

指标	B_1	B_2	B_3
权重	0.10	0.70	0.20

二级指标（Ⅱ Class Index）

指标	C_1	C_2	C_3	C_4	C_5	C_6
权重	0.15	0.15	0.15	0.10	0.15	0.15
指标	C_7	C_8	C_9	C_{10}	C_{11}	C_{12}
权重	0.15	0.05	0.25	0.25	0.15	0.05
指标	C_{13}	C_{14}	C_{15}	C_{16}		
权重	0.15	0.10	0.50	0.50		

三级指标（Ⅲ Class Index）

指标	X_{1-1}	X_{1-2}	X_{2-1}	X_{2-2}	X_{2-3}	X_{3-1}	X_{4-1}	X_{5-1}
权重	0.50	0.50	0.25	0.35	0.40	1.00	1.00	0.40
指标	X_{5-2}	X_{5-3}	X_{5-4}	X_{5-5}	X_{6-1}	X_{6-2}	X_{6-3}	X_{7-1}
权重	0.25	0.15	0.10	0.10	0.50	0.30	0.20	0.50
指标	X_{7-2}	X_{8-1}	X_{8-2}	X_{9-1}	X_{9-2}	X_{10-1}	X_{11-1}	X_{11-2}
权重	0.50	0.80	0.20	0.40	0.60	1.00	0.35	0.30
指标	X_{11-3}	X_{12-1}	X_{12-2}	X_{13-1}	X_{13-2}	X_{14-1}	X_{14-2}	X_{14-3}
权重	0.35	0.5	0.5	0.60	0.40	0.34	0.33	0.33
指标	X_{15-1}	X_{15-2}	X_{16-1}	X_{16-2}	X_{16-3}	X_{16-4}		
权重	0.50	0.50	0.30	0.30	0.30	0.10		

3. 综合排序公式 对成果转化实力测度而言，评价指标对测评目标是线性加权求和关系，即，各评价指标值的大小，直接

反映科技实力的强弱，即各项评价指标值越大，反映转化实力越强。根据评价指标的等价转换值和相应的权值进行运行绩效整体测度，其测度模型为[123]：

$$A_i = \sum_{j=1}^{15} W_j \cdot C_{Tij}$$

其中：W_j——第 j 项指标的权重系数；

C_{Tij}——第 i 个评价对象第 j 项指标的等效值；

A_i——第 i 个评价对象的科技成果转化绩效评价值。

4. 评价结果分析　上述方法，把握了考核的主要内容，保证了评价内容与评价目标的一致性，其结果具有客观性和可信性，证明评价指标体系和方法的科学性、合理性和现实可行性。评价中将各三级评价指标的原始数据转化为当量分值的计算以及将当量分值转化为百分数的计算，均由教育科技管理部门统一按照转化公式进行了技术处理。其转换的原则和方法是一致的，具有较高的公平性；在实际操作中，简单、方便也是本方法不可忽视的特点，这主要是数据的采集充分考虑到了与现行统计制度接轨，不仅保证了数据来源的可靠性和数据的权威性，同时，使测评制度化成为可能。评价方法的缺陷在于项目的权重和当量分值是人为设定的，由于科技成果转化是一个非常复杂的多参数变量，各变量之间缺少直接可比性，所以很难说各项的权重系数、当量分值的设计是非常合理的，因而会产生系统误差，不过这种系统误差可以通过调整而不断地趋于合理。从总体上讲，评价指标体系在理论上具有合理性，在实践中具有相当的可行性[124]。

第四节　对策之三：建立社会化的农业科技推广服务体系

2003 年 10 月 14 日中国共产党第十六届中央委员会第三次全体会议通过的《中共中央关于完善社会主义市场经济体制若干

问题的决定》中提出健全农业社会化服务、农产品市场和对农业的支持保护体系。农业推广服务体系社会化是指，从指导思想上以宏观经济学的观点作指导，从大农业的战略高度去制定农业科技方针政策。具体讲，应该彻底打破在传统农业、自然经济基础上建立的部门所有、条块分割的农业科技服务体系。重新确定以现代农业、市场经济为目标的社会化的大农业科技服务体系。农业推广服务体系是实施科教兴农的骨干力量，是加入世贸后政府对农业支持和保护的重要载体，是政府调控农业和农村工作的重要抓手。体系建立可从以下几个方面考虑：

1. 要改变"单打一"的传统技术推广服务模式　农业科技推广部门必须拓宽服务领域，建立以科技服务为中心内容的产前、产中、产后的系列化、全程社会化服务，走科技→生产→贸易→科技的路子，即在产前及时准确地收集、整理、提供有价值的市场信息，指导农民生产，同时还要组织提供种子、种苗、种禽畜及原材料等服务；在产中要及时提供技术指导，同时还要推广新品种、新技术等，一有问题及时给予解决；产后就是要把一家一户的产品组织推销出去，产生经济效益。

2. 市场经济就是通过市场配置社会资源、发展社会生产力的一种经济方式　建立社会化的农业科技推广服务体系的主要任务不再是依靠计划来指导，而是以市场为主线，通过市场来调控、引导、服务和管理。为了使农民顺利地进入市场，农业推广服务体系就要为之创造条件，如提供信息、科技指导、组织培训等服务，并有与之相配套的运行方式和管理办法。

3. 农业科技推广服务部门必须彻底实现由自然经济到商品经济的观念转变，打破部门所有条块分割的界线，构织纵横交错的农业科技推广服务网络　纵的方面，一是形成由一个或几个主要产品为龙头的商品技术经济服务体系，如禽蛋技术经济服务体系，茶叶技术经济服务体系，柑橘技术经济服务体系等；二是按专业项目或服务方式建立各种专门服务体系，如良种繁育体系，植物保护体系，疫病防治体系等。横的方面，一是按经济区域（或行政区划）实行综合开发，配套服务。遵照"风险共担，利益共享"的原则，实行技术、资金、物资、资源等方面的联合，充分发挥科技的作用；二是根据地域经济的特点，以建立商品基地和发展"拳头"产品为目标，建立各种层次的专业技术协会（技术研究会），把国家技术员、农村技术能人、科技示范户、专业户、新型农民网络在一起。这样，就可以使先进、实用的科技尽快地普及到农村千家万户，缩短了时间差和空间距。

4. 创造宽松的外部环境　目前，尊重知识、尊重人才的大气候已经形成，也就是说，政治上的环境比较宽松、和谐。但是，经济环境、工作环境、生活环境等方面还不是很理想。首先，在对待科技人员的劳动或劳动成果上看法不一致，少数人认为科技人员是"耍嘴皮子"，甚至认为农业增产丰收主要靠老天爷。尊重知识、尊重人才最终看是否尊重他们的劳动或劳动成果。其次，在分配上要彻底打破"大锅饭"，克服平均主义思想，不但要大力提倡推行技术承包制，而且要坚持合同兑现。

第九章　中国农业科技推广
体系创新案例

第一节　科技推广供体改革案例——中国农业
科学院科技体制改革

　　根据 2001 年"农业科技纲要"所提出的改革方案，农业科研机构提出了分类改革的基本原则，将科研机构按照提供的科研成果性质进行细化，以求集中力量，增强农业科研公共物品的供给能力。"纲要"根据农业科技周期长、公益性和区域性强的特点，将农业科研机构分为三类，采取不同的支持方式进行改革。

　　1. 具有面向市场能力的农业科研机构　应逐步转变为科技企业或进入企业，做到自主经营、自负盈亏、自我发展。"纲要"指出各级政府要创造良好的发展环境，逐步使有条件的科技机构，如从事种子、化肥、花卉、饲料、农药和农产品加工等技术开发的机构，整体转为企业或进入企业。转制后的农业科研机构仍可通过竞争的方式承担政府的科技任务。

　　2. 服务类农业科技机构　应逐步转变为企业或实行企业化管理，从事非公益性技术咨询服务的科技机构，如从事农业技术咨询、技术服务、技术培训的单位，可转为企业或进入企业，也可转为中介组织。

　　3. 从事农业基础研究、高技术研究和农业资源保护等农业基础性工作的基础性、公益性为主的农业科技机构　在优化结构、分流人员、转变机制的基础上，经国家有关部门认定后，按非营利机构运行和管理。这类机构中具有面向市场能力的部分，也要转制，并逐步与原单位分离。

在县乡两级原则上只设立第一类和第二类科研机构。第三类基础性、公益性的科技机构应主要分布在中央、省两级，并按照农业自然区划、作物种植大区、生态资源区域划分，避免按照行政级别来设立科研机构。

2003年，中国农业科学院科技体制改革全面启动。一方面，依托国家重大科学工程，整合现有资源，进行优化配置，组建新的研究所。另一方面，12家研究所转制为科技企业，并由农科院管理；3家研究所转制为事业单位；另有4个研究所（室）进入大学，实现了中国农科院与地方政府和大学共建、并以大学为主的管理体制（见表9-1）。在研究所内部，全面试行"基本工资、岗位津贴、绩效奖励"分配制度改革，以便拉大科研人员之间的收入水平。

表9-1　中国农业科学院所属科研机构改革方案一览表

Table 9-1　Reforms Project Scientific Research Organization Belong to the Chinese Academy of Agricultural Sciences

编号	科研机构名称	在职职工人数	所在地	拟定方案	拟定编制
1	中国农业科学院（下属39个机构）其中：	9 342	北京市	转为非营利性科研机构	2 852
2	中国农业科学作物育种栽培研究所	314	北京市	转为非营利性科研机构，合并更名为中国农业科学院作物科学研究所	405
3	中国农业科学院作物品种资源研究所	194	北京市		
4	中国农业科学院生物技术研究所	90	北京市	转为非营利性科研机构	90

（续）

编号	科研机构名称	在职职工人数	所在地	拟定方案	拟定编制
5	中国农业科学院畜牧研究所	216	北京市	转为非营利性科研机构	155
6	中国农业科学院哈尔滨兽医研究所	602	黑龙江省哈尔滨市	转为非营利性科研机构	242
7	中国农业科学院植物保护研究所	190	北京市	转为非营利性科研机构	140
8	中国水稻研究所	1 061	浙江省杭州市	转为非营利性科研机构	240
9	中国农业科学院棉花研究所	506	河南省安阳市	转为非营利性科研机构	220
10	中国农业科学院油料作物研究所	260	湖北省武汉市	转为非营利性科研机构	160
11	中国农业科学院兰州畜牧与兽药研究所	295	甘肃省兰州市	转为非营利性科研机构	210
12	中国农业科学院草原研究所	196	呼和浩特市	转为非营利性科研机构	145
13	中国农业科学院上海家畜寄生虫病研究所	131	上海市	转为非营利性科研机构	105
14	农业部环境保护科研监测所	121	天津市	转为非营利性科研机构	110
15	中国农业科学院农业经济研究所	100	北京市	转为非营利性科研机构，更名为中国农业科学院农业经济与发展研究所	80
16	中国农业科学院科技文献信息中心	389	北京市	转为非营利性科研机构，更名为中国农业科学院农业信息研究所	70
17	中国农业科学院土壤肥料研究所	175	北京市	转为非营利性科研机构，更名为中国农业科学院农业资源与农业区划研究所	160

（续）

编号	科研机构名称	在职职工人数	所在地	拟定方案	拟定编制
18	中国农业科学院农业气象研究所	82	北京市	转为非营利性科研机构，更名为中国农业科学院农业环境与可持续发展研究所	130
19	中国农业科学院生物防治研究所	59	北京市		
20	中国农业科学院研究生院	41	北京市	转为非营利性科研机构	30
21	中国农业科学院农业自然资源和农业区划研究所	74	北京市	转为农业事业单位	
22	中国农业科学院农田灌溉研究所	155	河南省新乡市	转为农业事业单位	
23	中国农业科学院原子能利用研究所	185	北京市	转为科技型企业，更名为中国农业科学院农产品加工研究所	
24	中国农业科学院蔬菜花卉研究所	208	北京市	转为科技型企业	
25	中国农业科学院郑州果树研究所	200	河南省郑州市	转为科技型企业	
26	中国农业科学院果树研究所	248	辽宁省兴城市	转为科技型企业	
27	中国农业科学院特产研究所	519	吉林省吉林市	转为科技型企业	
28	中国农业科学院茶叶研究所	166	浙江省杭州市	转为科技型企业	
29	农业部成都沼气科学研究所	109	四川省成都市	转为科技型企业	
30	中国农业科学院麻类研究所	234	湖南省长沙市	转为科技型企业	
31	中国农业科学院兰州兽医研究所	302	甘肃省兰州市	转为科技型企业	

（续）

编号	科研机构名称	在职职工人数	所在地	拟定方案	拟定编制
32	中国农业科学院蜜蜂研究所	90	北京市	转为科技型企业	
33	中国农业科学院饲料研究所	111	北京市	转为科技型企业	
34	中国农业科学院烟草研究所	204	山东省青州市	转为科技型企业	
35	农业部南京农业机械化研究所	297	江苏省南京市	转为农业事业单位	
36	中国农业科学院甜菜研究所	197	黑龙江省呼兰县	进入黑龙江大学，保留事业单位性质	
37	中国农业科学院、南京农业大学农业遗产研究室	19	江苏省南京市	进入南京农业大学，保留事业单位性质	
38	中国农业科学院蚕业研究所	181	江苏省镇江市	进入华东船舶工程学院，保留事业单位性质	
39	中国农业科学院柑橘研究所	314	重庆市	进入西南农业大学保留事业单位性质	

（资料来源：中国农业科学院农业经济研究所赵芝俊同志提供）

　　以科学研究国家目标为导向而进行的机构重组，强化了科研实力与优势，但这次改革基本没有触动整个农业科研体制的结构问题，明显受到政府行政体制改革缓慢的制约。在现有的改革框架下，难以通过农业科技创新体制的分类改革，重新整合国家科技创新力量，形成更合理的科研布局，更加精明强干的科技创新队伍，以进一步增强国家科技单位的创新能力及其在农业科技创新中的主导地位。科研与推广相脱节、应用性科研成果转化率不高的突出问题并没有得到明显改观。科研立项较大程度上依然是计划经济体制下的路径依赖，以论文成果、评奖晋升职称为研究目标，而不是立足于农村实践、立足于科研成果的转化与应用。农业科研创新最为核心的问题是其体制改革仍然局限在微观制度的重构上，并没有触及更深一层、也是最为根本的宏观科研体制。

2005 年中央一号文件再次提出了要深化农业科研体制改革，依托全国农业综合区划，加紧建立国家农业科技创新体系。按照初步设想，国家农业科技创新体系作为国家创新体系的重要组成部分，将由国家农业知识创新平台、农业技术创新平台、农业科技成果转化平台为主导的体系网，负责公益性重大农业科学研究、技术开发与试验推广活动。其核心组成部分是国家农业科技创新中心、国家农业科技创新区域中心和国家农业科技试验站。其中，国家农业科技创新中心的基本功能是围绕建设现代农业、确保国家粮食安全、提高农产品竞争力和实现农业的可持续发展，负责全局战略性的农业知识创新、高新技术开发和重大关键技术等的研发。国家农业科技创新区域中心将依据全国农业综合一级区划所划定的东北、黄淮海、长江中游、长江下游、华南、西南、黄土高原、内蒙古及长城沿线区、青藏高原以及西北绿洲等 10 个地区而建立，其主要功能是负责区域内重大农业技术创新和农业知识创新工作。通过整合各区域内国家、部门、地方的农业科技资源，围绕区域优势农产品、尤其是粮食生产布局、农业生产与加工技术体系建设、农业综合开发与农业生态环境建设等重大问题，形成重大关键技术系统的集成。相对应地，国家农业科技试验站的主要功能是负责区域内重大科技成果的熟化、组装、集成、配套与示范。它上联国家中心、区域中心，下接基层农技推广体系，直接为本地农村经济发展服务。它将依据全国农业综合二级区划，以目前科研实力较强、具有一定代表性的省、地级农业科研机构为主体，建成 50 个左右综合性、300 个左右专业性农业科研试验站。这次改革，国家试图通过建立综合性的国家农业科技创新体系，从根本上解决科技创新和储备能力不

足、科技成果转化率较低、科技基础条件薄弱和高层次创新人才
匮乏等问题，全面增强农业科技的支撑能力以及可持续发展能
力，取得了较好的效果[125]。

第二节　农业高校产学研结合办学促进产业
发展的成功案例

中国葡萄酒生产已有 2000 多年的悠久历史，但是直至 20 世
纪 80 年代之前，该产业依然发展缓慢，专业人才奇缺、技术水
平低、设备简陋、规模小、布局不尽合理、产品同质化现象严
重。90 年代，全国保留的葡萄酒厂不到 40 家。但是，1996 年起
中国葡萄酒消费量每年以 10％～20％的速度递增，短短 20 年，
全国注册的葡萄酒企业已近 600 家，预计到 2010 年，葡萄酒消
费量将由现在的 40 余万吨上升到 100 多万吨，中国将成为世界
葡萄酒消费第一大国。中国葡萄酒产业的这一翻天覆地的变化与
西北农林科技大学葡萄酒学院源源不断的技术、人才输出不无关
系。目前，该学院已被行业界誉为"人才的摇篮、技术的源泉、
产业的支点"。

葡萄酒学院是由原西北农业大学与国内部分企业以股份制
形式于 1994 年 4 月经农业部特批成立，为亚洲第一所葡萄酒
学院。1997 年成为国家级评酒员培训基地，2000 年设立陕西
省葡萄与葡萄酒工程技术中心，2003 年全国葡萄酒、果露酒
技师职业技能鉴定站在学院设立。学院坚持产学研紧密结合办
学思路，初步解决了制约中国葡萄与葡萄酒行业发展的一系列
理论和实践问题，为中国葡萄酒行业的全面技术进步做出了重
要贡献。这一案例的核心是实现了校企互动、互利双赢的科技
成果转化途径。"校企联合办学的模式"推动了中国葡萄酒产
业的全面发展，产生了巨大的经济、社会和生态效益，得到国
家的高度重视。

（一）根据产业需要，构建多学科融合、多岗位复合的产学研合作实践教学体系

葡萄酒企业一般由葡萄栽培与管理、工艺及质量控制、设备维修与工程管理、葡萄酒市场四大岗位模块组成。学院根据生产企业的葡萄基地管理及葡萄酒工艺、工程、市场管理的四个环节设置相应岗位实践模式，由职业岗位对人才的知识、能力、素质的具体规格要求设置教学大纲和课程体系，全力培养学生独立胜任工作的能力，使学生毕业后能从事相关岗位群的各项工作。还建立了200亩葡萄园田技能实践基地，从育苗栽培、喷药修剪、防病防虫、葡萄采摘、单品种酿酒等全程管理，培养葡萄管理岗位的技能。建立了年产2 000吨葡萄酒生产线的实验酒厂，使之成为教学、科研、生产、培训相结合的多功能实践基地。

（二）建立校外产学研综合生产实习基地，促进产学研合作教育的开展

学院在宁夏、山东、天津、河北、四川、新疆、内蒙古、吉林等8个省区市，建立了15家稳固的校外产学研综合生产实训基地，让学生在毕业前能进行系统的实岗实练，查漏补缺，按缺补学，完成实践的终端检验。在葡萄成熟期安排学生到校外基地实习，参与管理、葡萄采摘、压榨、工厂生产等各个环节，让学生能够适应不同生态条件、不同工艺条件、不同工程设备的要求，检验所学，同时为企业解决生产中的实际问题。

（三）构建以产业发展为目标的服务体系

为满足行业、企业及教师和研究生技术创新的需要，学院建有实验研究中心，包括葡萄学实验室、葡萄酒工艺实验室、分析检测实验室、微生物实验室、葡萄酒品尝实验室、分子生物学实验室、气象色谱实验室7个实验室，称为葡萄酒业界质量标准监督、检验中心。另外还争取到130万元实验室建设经费用于实验室建设和本科专业建设，通过实施，学院的产学研研究基地条件得到极大改善。

（四）大力开展基础科学研究，全面推动葡萄酒行业技术进步

一是开展葡萄酒质量的最优化研究，葡萄与葡萄酒产业是一个完整的产业链系统，该研究是在葡萄酒从土地一直到消费者的餐桌这一生物技术链中，通过葡萄品种和葡萄酒种的区域化研究，确定各类葡萄酒的最佳产区；通过各产区最佳种植方式和技术及采收时间的研究，保证各产区各类葡萄酒原料的最佳质量；通过各类葡萄酒优化工艺的研究，保证葡萄酒的最佳质量；通过各类葡萄酒的最佳贮运条件的研究，保证葡萄酒的最佳消费质量。二是根据行业发展和市场需要，针对葡萄酒行业技术领域发展中的重大关键性、基础性和共性技术问题，持续不断地将具有重要应用前景的科研成果进行深入化、系统化、配套化和工程化、产业化研究开发，为满足企业规模生产提供成熟配套的技术工艺和技术装备，不断地推出具有高技术含量、高经济效益的系列新产品。同时，注重新产品、新技术的贮备，致力推动整个行业的科技进步。

（五）加速科研成果应用

学院实行开放服务，接受国家、行业、部门、地方、企业、高校和其他科研机构委托的工程技术研究和试验项目，并为其成果推广提供技术咨询服务；制定系列葡萄酒生产工艺及操作规范，对有关生产单位进行技术改造；与有关厂家合作，推广新设备及新型原辅料生产。还为葡萄酒生产、营销企业提供咨询服务，改善企业管理，帮助进行预测、决策，制订营销策略；承担横向合作及技术推广课题。学院在加大科技推广与产业开发力度，在为企业提供技术服务，促进地方经济发展的过程中，寻求企业和社会对学院的支持，逐步形成学院以技术促进新产品的开发，推动企业的技术进步，企业以资金支持学院发展的运行格局，并取得了丰硕的成果。学院拥有与产业界密切结合的研究、开发队伍，能够承接各类委托研究、攻关、论证、设计等，先后

为国内众多葡萄酒及果酒企业提供全方位的技术服务，促进了科技成果的商品化、产业化和国际化。

(六) 加强国外合作与交流，为全行业提供国际交流与合作的平台

学院与国际葡萄酒组织（OIV）达成交流合作协议，双方由2002年开始进行长期合作，决定双方逢偶数年在学院举办国际葡萄与葡萄酒高级研讨班、双方逢奇数年在学院举办国际葡萄与葡萄酒学术研讨会，每年活动的主题由双方商定。并依托学院成立并建设"OIV 亚洲葡萄与葡萄酒技术中心"和"国际葡萄酒大学联合教育基地"，构建了中国葡萄酒行业与国际交流的平台，学院师生和境外同行之间的交流与合作日益密切。

(七) 推动了全国葡萄与葡萄酒产业发展，特别是干旱、半干旱地区葡萄酒产业的发展

干旱、半干旱地区，海拔较高、光照充足、昼夜温差大，非常有利于葡萄的生长，浆果着色好、含糖量高、富含各种营养物质，病、虫、草害危害少，绿肥、厩肥资源丰富，有条件减少农药和化肥的施用量，能控制在规定的限度内，可以为优质、高档葡萄酒生产提供最佳的原料。在学院研究成果的基础上，确定甘肃河西走廊地区、宁夏贺兰山东麓地区、陕西渭北旱塬地区、新疆部分地区为中国生产高档葡萄酒最有竞争潜力的地区。在学院的推动和呼吁下，特别是技术的支撑下，宁夏、新疆、甘肃均把葡萄酒产业列为省级支柱性产业，分别从产业政策、人才引进、招商引资、上市配股等方面全力支持，陕西则成立省级葡萄与葡萄酒工程技术中心加快陕西渭北旱塬的开发。从90年代中期以来，西北主产区以特色迅速崛起的20余家酒厂，葡萄酒产量已超过全国总产量的1/5，资金投入强劲，初步统计有20多亿人民币投入四个主产区，仅新天公司投入9个亿。几个新兴的、区域性的品牌改变了中国葡萄酒行业的战略格局，引起了国内外广泛关注。

第三节　基层农业科技推广体系改革的
　　　　成功经验

（一）公益性、经营性相分离的乡镇改革经验

江苏省姜堰市通过实行"事业与企业分开、服务与经营分开、经济核算分开、经营区域分开"的"四分开"运行机制，探索并实践了乡镇农技站改革的成功之路。①组织形式分开：将乡镇农技站原有的农资、农产品经营等经营职能剥离出来，建立独立于事业法人的企业法人组织。事业与企业在组织形式上分开后，镇农技站的名称、事业法人性质不变。②业务职能分开：乡镇农技推广站专职履行公益性技术工作，所需经费由财政供给；新组建的经营性公司作为独立的企业法人实体和市场竞争主体，依法开展农业生产资料、农副产品的经营等工作。③管理体系分开：乡镇农技站与新组建的公司不存在组织上的隶属关系和经济法律责任上的连带关系，各自根据自身性质和特点，建立相应的人事管理制度、财务管理制度、工作责任制度以及工资分配制度等。

"姜堰模式"的最大特点是将经营职能从农技站中剥离出来，减少了经营活动对基层农技推广机构履行公益性职能的不利影响，从而使公益性职能得到加强。但随之而来的问题是，经营性职能剥离出去后，基层农技推广机构的创收没有了，在机构不减、人员分流有限、政府投入没有大量增加的情况下，基层农技推广机构的人均经费不仅没有改善，反倒可能减少，这必将给基层农技推广机构带来新的难题，其作用发挥、人员稳定缺乏坚实的经济基础。

（二）县级农业科技推广新体系建立的成功经验

浙江省新昌县的做法是：①建立区域性专业农技站。根据主导产业布局设站。根据政事分设原则定位。明确区域性农技站的

工作职能，三个区域农技站各有侧重开展水果、蔬菜、畜牧等经济特产的技术辅导工作。②创办农业科技示范场。通过允许工商企业入股特别是科技人员以技术和资金入股，把农业科技示范场这个载体与技术推广人员的利益紧密结合起来，使区域站真正成为自我积累、自我发展的一个经济实体。③成立农民专业协会。通过专业协会实现技术推广、基地建设、市场推广的有机结合。

"新昌模式"的特点在于根据主导产业布局成立专业区域站，而且将行政职能从专业区域站剥离出去，使其专注于农技推广，同时，保留其经营性职能，通过"三位一体"的运作，使其成为能够自我积累和自我发展的经济实体。

（三）农业科技推广方式的创新经验

福建省建瓯市徐墩镇科技特派员工作站的做法：①将该镇原有的农技站、经作站、畜牧兽医站、水产站、农机站、经管站归并整合而成科技特派员工作站。根据该镇主导产业分布，服务联动中心又下设笋竹、粮食、瓜菜、茶果、畜牧、水产、农机7个专业服务组。②采取"站内轮流值班，站外下乡服务"的工作方式。还有部分特派员挂点企业，与企业技术人员联合攻关。③各位特派员都联系了10位示范户，并对示范户手把手传授，一对一指导。同时特派站以"风险共担、利益共享、实体化"为原则，与农户已建立了各类利益共同体10个。由于利益共享，广大特派员成了"走不了"的农业科技带头人[126]。

"科技特派员模式"通过下派和利益共享两个手段，创新了农技推广方式，促进了农技推广供需双方的有效结合，但行政、推广和创收职能没有很好分离，站内人员众多（1个乡镇站就有30人），维持其高效运行会有一定困难。

第十章 结 语

农业推广学作为实践的科学和发展的科学这一学科性质决定了中国农业科技推广体系不断发展和创新的历史过程。农村改革以来，中国农业科技推广体系经历了几次创新和变迁。本书构建的创新体系只是农业科技推广理论与实践发展历程中的变革之一。随着"三农"问题逐步解决，全面建设小康社会的目标实现以后，创新型农业科技推广体系又将成为历史。

半个世纪以来，中国农业科技推广体系变迁的历程大致如下：

上世纪 70 年代末，国家重点建设县级农技推广中心，将原来各自独立的植保站、土肥站和种子站等整合在一起，1995 年，农业部又将全国种子总站、农技推广总站、植保总站、土肥总站等合并组建全国农业技术推广服务中心，初步实现了推广资源从分散向综合的转变，并在运行机制上逐步形成了国家扶持与自我发展相结合的运行机制。1983 年中央 1 号文件中提出农业技术人员可以与经济组织签订承包合同，并在增产部分中按一定比例分红；1985 年中央关于科技体制改革的方案提出要实行技术推广的有偿服务，并且技术推广机构可以兴办企业型经营实体。从而逐步形成了"技物结合"的推广方式。从推广方式上看，逐步形成了以"技术示范＋行政干预"为主导的方式。

农村改革以后，在原有人民公社时期"四级农科网"（县-公社-生产大队-生产队）的基础上，逐步建立起了与中央到乡镇五个行政层级相对应的"五级一员一户"的农技推广体系，其中在村一级设立农民技术员和科技示范户。

1993 年《农业技术推广法》颁布实施，随着农村改革的深化，农技推广体系企业化的改革步伐加快。相当多的乡镇推广机构事实上变成了经济实体，有的乡镇推广机构不仅被当地政府"断奶"，甚至被"抽血"。鉴于此状况，90 年代中期，国家对乡镇农技推广机构大力开展"三定"（定性质、定编制、定人员）工作，并取得了一定成效，稳定了队伍。

进入 21 世纪，国家对农技推广体系改革的指导思想从"抓稳定"转变为"促改革"。在配合农村税费改革而进行的乡镇机构改革中，中央提出建立综合性的农业服务中心，在有条件的地方走企业化、社会化的路子。《农业科技发展纲要》提出要建立国家扶持和市场引导相结合的新型农业技术推广体系。实行"推广队伍多元化、推广行为社会化、推广形式多样化"。在新的改革方案下，农业科技推广体制改革的目标是逐步建立起分别承担经营性服务和公益性职能的农业技术推广体系。其中，公益性技术推广由财政供给。一般性技术推广则逐步改制为技术推广、生产经营相结合的实体。

2002 年中央一号文件更加明确了对农技推广体系改革的方案，提出要逐步建立起分别承担经营性服务和公益性职能的农业技术推广体系。公益性技术工作，特别是农作物病虫害和动物疫病的测报、预防等，应有专门的机构和队伍承担，所需经费由财政供给。而一般性技术推广工作，则可以依托现有乡镇科技推广机构，在国家扶持下逐步改制为技术推广、生产经营相结合的实体。

2003 年中央一号文件又进一步提出深化农业科技推广体制改革，加快形成国家推广机构和其他所有制推广组织共同发展、优势互补的农业技术推广体系。积极发挥农业科技示范场、科技园区、龙头企业和农民专业合作组织在农业科技推广中的作用。建立与农业产业带相适应的跨区域、专业性的新型农业科技推广服务组织。支持农业大中专院校参与农业技术的研究、推广。农业技术推广体系建设更强调突出其重点——与农业产业带建设联系在一起，为规模化的主导产业服务。

农业部、中编办、科技部和财政部还联合下发了《关于开展基层农技推广体系改革试点工作的意见》，进一步明确了国家农技推广机构的职能，包括承担"法律法规授权的执法和行政管理，关键技术的引进、试验、示范，动植物病虫害及灾情的监测、预报、防治和处置，农产品（包括动物产品）生产过程中的质量安全的检测、监测和强制性检疫，农业资源、农业生态环境和农业投入品使用监测，农业公共信息服务，农民的公共培训教育"等。并提出要逐步将国家农技推广机构承担的经营性服务分离出去，按市场化方式运作。在农技推广机构的设置上，提出将相近行业的农技推广机构适当合并成农技推广综合站。在具备条件的地方，可以按行业试办服务于几个乡镇的农技推广区域站，原有乡镇一级农技推广机构在国家扶持下逐步改制为技术推广、生产经营相结合的实体。改革目标是推动多元化农技服务组织的发展。

总体讲，尽管农业推广体系的建设在发展理念、组织体系建设以及推广内容等方面都有了较大的突破与拓展，但是与农业技术创新体制的改革相类似，农业技术推广体系的改革并没有从根本上触动农业技术推广体系行政化的组织架构，公共科技推广的基本地位并没有得到解决。从中国的现实情况看，经过 20 余年的改革与发展，农业科技推广体系由政府独家承担的一元化局面被打破，农业科技推广的供给主体呈现出多样化的发展态势，农业高校、科研院所、涉农企业、农技协及其他民间科技组织越来越多地加入到农业推广的领域中来，推广服务开始走向社会化。然而，一个与社会主义市场经济相适应，推动现代农业发展的科技推广创新体系还没有有效地建立起来。现行公共推广体制的基本框架还保留着传统计划经济体制的特征，表现在体制安排行政化、科研创新主体建设滞后以及运行机制不畅等诸多方面，面临着深化改革、重新进行功能定位的挑战。并且，较为普遍的一个问题是农业科技的有效供给与农民的有效需求之间存在错位，农业科研成果的有效转化机制没有建立起来。近几年来改革的重点集中在基层农业技术推广组织的再造上，并出现了以简单的减少人员、合并机构、降低财政拨款幅度、最终推向市场的倾向，结果是国家基层农技推广组织体系的力量进一步被削弱，而非政府的各种民间推广机构只是在那些较为发达的地方得到了发展，从而直接影响到广大农民获得新技术、新品种、新工艺和信息服务主渠道的畅通。

新型农业推广体系的建立需要一个较长的过程，要把农业科技推广体系建设放在经济体制改革和政府机构改革的框架中统筹考虑，解决好改革与重建的关系。从目前的情况看，以农业高校、科研院所、农业专业技术协会、农业产业化龙头企业、涉农公司等为代表的非政府农技推广组织的发展还处于初级阶段，总体实力还很薄弱，覆盖面也非常有限，地区发展很不平衡。尽管没有比较可靠的数据统计，但是可以肯定，绝大多数农户、特别是那些传统农区以农业为主的农户仍然是游离在这个体系以外，需要依靠政府推广体系提供基本的服务。

农业科技推广工作是一项社会公益性事业，本书提出的创新体系是中国政府农业推广体系的优化和完善，是一场新的农业科技革命。该体系的建立，为全国农业科技推广体系的改革提供了新的思路，对促进中国农业科技成果转化的奠定了基础。

参 考 文 献

[1] 黄天柱，陈心宇．三农问题的成因及对策 [J]．中国农学通报，2004，
    6 (20)

[2] 马洪，王梦奎．中国发展研究 [M]．北京，中国发展出版社，2003

[3] 陈锡文，杜鹰．论新阶段农业和农村经济的战略结构调整 [J]．管理
    世界，2000，1

[4] 刘继芳，刘渊．国际农业科技发展新趋势 [J]．中国农业科技导报，
    2002，(2)：29～33

[5] 沈伟桥．21 世纪中国农业科技的发展趋势与对策 [J]．沈阳农业大学
    学报，2000，(3)：220～224

[6] 卢良恕．21 世纪中国农业发展新形势与新战略 [J]．中国农业科技导
    报，2002，(1)：1～5

[7] 李国杰等．21 世纪初中国农业科学技术的发展展望 [J]．农业科技管
    理，1998，(7)：9～11

[8] 党双忍．知识化农业与 21 世纪中国农业发展 [J]．农业经济问题，
    1999，(1)：30～35

[9] 梁俊芬．农业技术进步贡献综述 [J]．云南科技管理，2005，(6)：
    60～63

[10] 中共中央，国务院．关于促进农民增收政策若干意见 [J]．2004

[11] 崔凯．科技进步与中国传统农业改造 [J]．安徽农学通报，2000，6
    (5)：16～17

[12] 信乃诠．中国农业科技进步与农业生产持续稳定发展 [J]．农业科
    技管理，2001，(5)：16～21

[13] 翟雪凌，范秀荣．中国当前农业科技推广体制存在的弊端及改革思路
    [J]．中国农技推广，2000：34～35

[14] 窦铁岭等.中国农业技术推广现状与改革的思考 [J].河北农业大学学报，2001，(3)：65～67

[15] 刘志扬.新世纪中国农业的特点与对策选择 [J].贵州社会科学，2001，(6)：13～16

[16] 谢建华.建设有中国特色的农技推广事业 [M].北京：中国农业出版社，1997

[17] 杨映辉.中国农业科技推广运行机制改革 [M].北京：中国农业科技出版社，1998

[18] 马焕功.走向市场经济的中国农业与农业科技 [M].北京：科学科技文献出版社，1994

[19] 朱希刚.中国粮食生产与农业技术推广 [M].北京：中国农业科技出版社，2000

[20] 朱希刚，钱克明.中国农业技术系统障碍因素诊断 [J].农业科技管理，1992，(5)：1～2

[21] 何维军，李庆云.中国科技成果低转化率的原因及对策 [J].科技导报，1999，(9)

[22] 祖康.农业技术推广体系的理论与实践 [M].北京：中国科学技术出版社，1990

[23] 宋德勇，李郁.发展中国农业可持续发展问题研究 [J].农业经济问题，1997，(10)：191～194

[24] 于大成，于书峰.持续农业与生态农业的比较研究 [J].河南农业，1998，(5)：25～27

[25] 蒋珠燕.加 WTO 对中国农业的影响与对策 [J].农业经济问题，1999，(10)：48～52

[26] 王雅鹏.农业科技成果特点与加速转化的对策 [J].农业现代化研究，1999，(5)：136～139

[27] 高翔等.建立农业大学推广体系创新体系的思考 [J].西北农林科技大学学报，2002，(4)：74～76

[28] 曹建良.永恒的产业——21 世纪中国农业的思考 [M].北京：中国农业出版社，2000

[29] 丁振京.中国农业科技推广制度创新研究 [D].北京：中国人民大学博士论文，2001

[30] 聂闯，吴俊. 国外农业科技推广试验及其对中国的借鉴 [M]. 北京：农业出版社，1993

[31] Richardson，D. The Internet and Rural and Agricultural Development，an Integrated Approach. Rome：FAD，1991

[32] Axinn，George，Modernizing World Agriculture（New York：Prager Publishers，1972）

[33] Alston，J. M. and P. G. Pardey. Making science pay：the Economics of Agricultural R&D Policy. The American Enterprise Institute Press，Washington D. C. ，1996

[34] FAO. Expert Consultation on Extension，Rural Youth Programs and Sustainable Development. Rome，1996

[35] Deniel Ben or and Michael Baxter，Training and Visit Extension，The World Bank，1984

[36] Pardey，P. G. ，J. Rose Boom and J. R. Anderson. Agricultural Research Policy：International Quantitative Perspectives，Cambridge University Press，1989

[37] Kelsey，David Lincoln and Hearn Cannon Chiles，Cooperative Extension Work Ithaca New York：Comstock Publishing Associate，a Division of Cornell University Press，1949

[38] Michel M. Cornea，（Putting People First：Sociological Variables in Rural Development），Oxford. University，1991

[39] Rivera，W. M. and W. Zip. Contracting for Agricultural Extension，Case Studies and Emerging Practices. London：CABI International，2001

[40] FAO. Improving Agricultural Extension：A Reference Manual. Rome：FAO，1997

[41] 吴聪贤. 农业推广学原理 [M]. 台北：联经出版事业公司，1988

[42] 章之汶等. 农业科技推广 [M]. 商务印书馆，1936

[43] Extension Havdbook：By Donald. Blackbum. 1984. University of Gulp

[44] Chokier，J. Invention and Economic Growth. Cambridge，- Harvard University Press，1996

[45] He Guiding，Zhu Xian and J. G. Flynn："A Comparative Study of

Economic Efficiency of Hybrid and Conventional Rice Production in Kiangs Province, China", (orzo) September, 1987

［46］W. 范登班［荷］，H. S. 霍金斯［澳］著. 张宏爱译. 农业科技推广. 北京：北京农业大学出版社，1990

［47］胡继连. 试论农业技术分类研究［J］. 农业科技管理，1995，(6)

［48］黄天柱. 中国软科学研究成果推广浅议［J］. 西北农林科技大学学报，2004，4

［49］速水佑次郎. 发展经济学——从贫困到富裕［M］. 社会科学文献出版社，2003

［50］科斯等. 财产权利与制度变迁——产权学派与新制度经济学派译文集［M］. 上海：上海三联书店，1991

［51］丁振京. 路径依赖与农业科技推广体制改革［J］. 农业经济学，2001，(2)：107～108

［52］Hayami, Y. and V. W. Ruttan. Agricultural Development in International Perspective. Baltimore, Md, Johns Hopkins University Press. USA, 1985

［53］饶智宏. 农业科技推广的理论分析［J］. 农业科技管理，2004，增刊，41～47

［54］周龙庚. 加速科技推广的思考［J］. 中国科技论坛，1997，(1)

［55］株朋航. 加强企业技术创新是加速科技推广的重要途径［J］. 经济工作通讯，1996，(1)

［56］FAO/World Bank. Agricultural Knowledge and Information Systems for Rural Development (AKIS/RD)：Strategic Vision and Guiding Principles. Rome：2000

［57］Maguire. C. J. From Agriculture to Rural Development：Critical Choices for Agriculture Education

［58］Gallagher, K. D. Community Study Program for Integrated Production and Pest Management, Farmer Field Schools. Human Resources in Agricultural and Rural Development. Rome：FAO, 2000

［59］Gasperini, Land S. McLean. Education for Agriculture and Rural Development Developing Countries：Implications of the Digital Divide. Paper Presented at the Global Junior College, Rome, 2000

[60] Joseph O. Elkin "Extension for Sustainable Agriculture in Dry Regions" Environmentally Sustainable Agriculture for Dry Areas for the 2nd Millennium. Shijiazhuang, 2002

[61] Block, J. C., and Papagiannis, G. J. Non‐formal Education and National Development, New York, Praeger, 1983

[62] 郝建平等. 农业科技推广原理与实践 [M]. 北京：中国农业科技出版社, 1998

[63] 汤锦如. 论中国建立社会主义市场经济过程中农业科技推广的新特点 [J]. 香港现代教学论坛杂志, 1999

[64] 杨士谋. 农业科技推广教育概论 [M]. 北京：北京农业大学出版社, 1987

[65] 张仲威等. 农业科技推广学 [M]. 北京：中国农业科技出版社, 1996

[66] Roeling, N. Extension Science, Cambridge Press, 1988

[67] 周衍平, 陈会英. 中国农户采用新技术内在需求机制的形成与培育——农业踏板原理及其应用 [J]. 农业经济问题, 1998, (8)

[68] 莫鸣, 曾福生, 刘辉. 农业税取消后农业科技推广改革探讨——对湖南省慈利县的调查 [J]. 科技和产业, 2006, (2): 21～25

[69] 汤锦如. 具有中国特色的"三农"结合推广模式及其运行机制的研究 [J]. 扬州大学学报, 1998

[70] 汤锦如. 农业推广学 [M]. 南京：东南大学出版社, 1999

[71] 王慧军. 农业推广学 [M]. 北京：中国农业出版社, 2002, 6

[72] 许无惧等. 农业推广学 [M]. 北京：经济科学出版社, 1997

[73] 许耀祖等. 试论农技推广 [M]. 南宁：广西民族出版社, 1988

[74] 杨瑞珍. 中外政府在农业技术推广体系中的作用比较 [J]. 中国科技论坛, 2004, (5): 126～129

[75] 许玉璋. 农业推广学 [M]. 北京：世界图书出版社, 1996

[76] 王西玉. 中国农业服务模式 [M]. 北京：中国农业出版社, 1996

[77] 聂德俊. 应建立全方位多功能网络结构的农技推广服务体系 [J]. 农业科技管理, 1989, (1): 27～28

[78] 刘志成, 樊鑫萍. 农村基层科技服务组织建设中存在的问题及对策 [J]. 农业技术经济, 1998, (6): 29～31

[79] 范定先. 农技推广研究论文集 [C]. 北京: 中国农业出版社, 1994

[80] 朱玉春, 霍学喜. 中国农业科技成果转化的制约因素及对策研究 [J]. 农业技术经济, 1999, (3): 19~22

[81] 何静, 农贵新. 论农业科技成果产业化中的政府职能 [J]. 农业经济问题, 1999, (4): 57~59

[82] 邹德秀. 500年科技文明与人文思潮 [M]. 北京: 科技出版社, 2002, 9

[83] 唐泽智, 罗永藩. 实用技术农业推广 [M]. 北京: 科技出版社, 1990

[84] A. T 莫谢. 农业科技推广的原理与方法 [M]. 西安: 陕西人民出版社, 1987

[85] 韩立民. 国外农业科技体制类型及特点 [J]. 农业科技管理, 1988, (4): 52~46

[86] 任晋阳, 柏长青. 论农村专业技术协会及其技术推广功能 [J]. 农业经济, 1997, (12): 84~87

[87] 马亚贤. 国外农业科技推广的模式 [J], 农业图书情报学刊, 1999, 增刊: 94

[88] 于文博. 国外知识农业发展与中国的对策研究 [J]. 世界地理研究, 2000, (4): 47~50

[89] Epstein, C. F.: Women′s Place, University of California Press, Berkeley, USA, 1971

[90] Evensong, R. E: Observations on Institutions, in Structure Technology and Women in Rice Farming. Women in Rice Farming, Gower, Publishing Company, Great Britain, 1985

[91] Qsmar, M. K. Agricultural Extension at the Turn of the Millennium, Trends and Challenges. Human Resources in Agricultural and Rural Development. Rome: FAO. 2000

[92] Qutub Khan. Managing Education for Rural Development Fitting the Task to the Needs, Proceedings of the International Workshop on Technical Training for Rural Development Towards the 21st Century 205~224

[93] Hicks, J. R. The Theory of Wages, London, Macmillan, 1932

[94] 马占元，王慧军. 农业科技推广概论 [M]. 中国农业出版社，1994

[95] Adhikarya，K. Strategic Extension Campaign：A Participatory - oriented Method of Extension. Rome：FAO. 1994

[96] Bock，Linda K. "Participation"，Developing，Administering，and Evaluating Adult Education（S Francisco：Jossey - Bass Publishers，1980）

[97] Quizon，J. G. Feder and R. Murgai. A Note on the Sustainability of the Farmer Field School Approach to Agricultural Extension. Washington. DC：The World Bank，2000

[98] ［美］曼瑟尔·奥尔森. 集体行动的逻辑 [M]. 上海三联书店，2003，"译者的话"第 2 页

[99] Hansman，H. B. The Role of Non - profit Enterprise Yale Law Journal 89（5）1980

[100] Rubbinstein A. Perfect Equilibrium in a Bargaining Model Econometrica 50 pp. 97～109 1982

[101] 卓彩琴. 信息化与和谐城市社区建设 [J]. 科技进步与对策，2006，(6)

[102] 徐开明. 地理信息公共服务平台建设与现代测绘服务模式 [J]. 地理信息世界，2006，(3)

[103] 张小明. 杨凌农业科技示范的效应、问题与对策 [J]. 西北农林科技大学学报，2004，(2)

[104] 黄天柱. 西部地区农业科技成果转化问题的思考 [J]，农业科技管理，2004，增刊

[105] 胡继连. 试论农业技术分类研究 [J]. 农业科技管理，1995，(6)

[106] 海江波，高翔主编. 农业推广学 [M]. 西北农林科技大学出版社，2004，11

[107] 胡俊鹏. 西北地区农业科技创新及产业发展探析 [J]. 西北农林科技大学学报，2003，(5)：17～20

[108] 苑鹏，国鲁来，齐莉梅等. 农业科技推广体系改革与创新 [M]. 北京：中国农业出版社，2006，7

[109] 苑鹏. 加快农业科技推广体系改革创新步伐 [R]，中国社会科学院院报经济专稿，2005，12 (2)

[110] 朱高峰．关于科技推广问题［J］．科学学与科学技术管理，1996，(1)

[111] 冬青．揭开行为的奥秘——行为科学概论［M］．北京：中国经济出版社，1987

[112] 刘志斌等．农业科技推广和技术经济效益评价［M］．北京：中国农业出版社，1995

[113] 俞克纯，沈迎选．激励·活力·凝集力——行为科学的激励理论与群体行为理论［M］，北京：中国经济出版社，1998

[114] 蒋国华．科研评价与指标［M］．红旗出版社，2000

[115] 布劳温，T. 等著．赵红州，蒋国华，译．科学计量学指标［M］．北京：科学出版社，1989

[116] 武书连等．中国大学评价——1996 年研究与发展（摘要）［R］．中国高等教育评估，1998，(2)

[117] 党亚茹，杨霞，高峰．知识经济与全国高校科技实力评价［J］，科学管理研究，1998，16 (1)：53～57

[118] 王翼生．有中国特色的高等教育评估体制和制度的基本构思［R］．中国高等教育评估，1998，(1)

[119] 武书连，吕嘉，郭石林．中国大学研究与发展成果评价［J］．科学学与科学技术管理，1997，18 (7)：62～63

[120] 张英等．全国 86 所重点高校 1985—1989 年科技活动评价［J］．科学学与科学技术管理，1992，(4)

[121] 张勉．对科研机构评价的思考［J］．高等教育研究，1992，(2)

[122] 谷兴荣．科学技术的计量研究［M］．湖南：科学技术出版社，1990

[123] 梁立里．指标·模型·应用·科学计量学［M］：北京：科学出版社，1995

[124] 涂小东，肖洪安等．高等院校科技推广绩效评估研究［J］．农业科技管理，2004，增刊：61～66

[125] 龙飞．中国将抓紧建立国家农业科技创新体系．农业部网站，2005，1

[126] 陈进寿，郑庆昌．基层农技推广体系改革的模式及借鉴［J］．发展研究，2005，9

图书在版编目（CIP）数据

中国农业科技推广体系改革与创新/黄天柱著．—北京：中国农业出版社，2008.6
ISBN 978-7-109-12636-7

Ⅰ．中⋯ Ⅱ．黄⋯ Ⅲ．农业技术－技术推广－研究—中国 Ⅳ.F324.3

中国版本图书馆 CIP 数据核字（2008）第 059299 号

中国农业出版社出版
（北京市朝阳区农展馆北路 2 号）
（邮政编码 100125）
责任编辑　白洪信

中国农业出版社印刷厂印刷　　新华书店北京发行所发行
2008 年 6 月第 1 版　　2008 年 6 月北京第 1 次印刷

开本：850mm×1168mm　1/32　　印张：8
字数：190 千字　　印数：1～1 500 册
定价：22.00 元
（凡本版图书出现印刷、装订错误，请向出版社发行部调换）